GENEVIÈVE DE BRABANT

ET QUELQUES AUTRES

AVENTURES DES CROISADES

PAR

J. COLLIN DE PLANCY

—

CINQUIÈME ÉDITION

SOCIÉTÉ DE SAINT-VICTOR POUR LA PROPAGATION DES BONS LIVRES

PARIS | **PLANCY**
LIBRAIRIE CENTRALE DE LA SOCIÉTÉ | SIÉGE, DIRECTION, IMPRIMERIE ET
RUE DE TOURNON, n° 16 | LIBRAIRIE DE LA SOCIÉTÉ

1855

GENEVIÈVE
DE BRABANT

APPROBATION

Ces Légendes ont été approuvées, les unes dans les diocèses de Paris et de Châlons, les autres dans le diocèse d'Arras.

Geneviève dans la forêt.

GENEVIÈVE
DE BRABANT

ET QUELQUES AUTRES

AVENTURES DES CROISADES

PAR

J. COLLIN DE PLANCY

CINQUIÈME ÉDITION

SOCIÉTÉ DE SAINT-VICTOR POUR LA PROPAGATION DES BONS LIVRES

PARIS | **PLANCY**
LIBRAIRIE CENTRALE DE LA SOCIÉTÉ | SIÈGE, DIRECTION, IMPRIMERIE ET
RUE DE TOURNON, n° 16 | LIBRAIRIE DE LA SOCIÉTÉ

1855

PROPRIÉTÉ

Plancy. Typ. de la Société de Saint-Victor.— J. COLLIN, imp.

A

M. L'ABBÉ BELION

CHANOINE DE CHALONS

HOMMAGE DE L'AUTEUR

Geneviève dans la prison.

LA LÉGENDE

DE

GENEVIÈVE DE BRABANT

I

Parmi les enfants de Henri III, le premier des comtes de Louvain qui prit le titre de Comte de Brabant, on remarquait Ida et Geneviève, ses deux filles, toutes deux belles et gracieuses. Ida venait d'être mariée au jeune comte de Hainaut, et le palatin du Rhin Henri II, ayant vu Geneviève, que toutes les chroniques dépeignent comme un modèle de beauté, de piété et de douceur, en parla avec grandes louanges à son frère Sigefrid ou Siffroi. Le Palatin résidait à Aix-la-Chapelle, qui alors encore faisait partie de la Lotharingie. Siffroi se rendit à Louvain, eut le bonheur de plaire en même temps qu'il devint épris; et il épousa Geneviève, la perle du Brabant.

On croit que ce mariage se fit en 1095, au moment où toute l'Europe commençait à s'agiter pour les croisades.

Geneviève n'avait que dix-huit ans. Quoiqu'elle aimât celui qu'elle venait d'accepter pour époux, elle pleura avec amertume en quittant son père; il lui semblait, à ses pressentiments, qu'elle ne devait plus le revoir ici-bas.

Elle arriva donc triste et dolente à la cour d'Aix-la-Chapelle. L'amour de Siffroi répandit un baume de bonheur sur son âme affectueuse, sans en chasser la mélancolie. Mais recueillie et dévouée, elle ne vivait plus, après Dieu, que pour son mari, qui oubliait auprès d'elle et ses anciens plaisirs et ses goûts passionnés pour la chasse.

Hélas! les félicités de ce monde ne sont pas de longue durée.

La prédication de la croisade avait remué les chevaliers. Tout homme qui voulait qu'on l'appelât homme de foi et d'honneur prenait la croix. L'âge était à peine une dispense admise; on couvrait de mépris tout chevalier qui semblait hésiter entre son repos et la gloire de délivrer le tombeau de Jésus-Christ. Les princes donnaient l'exemple. Godefroid de Bouillon, pour la guerre sainte, aliénait ses domaines ; les comtes de Flandre et de Hainaut n'étaient occupés qu'à réunir leurs guerriers ; Godefroid de Louvain, frère d'Ida et de Geneviève, était déjà parti avec une foule d'autres. La voix de l'amour et des tendres affections était partout étouffée par la voix austère du devoir. Le palatin Henri II, qui régnait, frappé d'une maladie grave, ne pouvait prendre la croix ; Siffroi, parmi les princes, dut remplacer son frère.

Il lui fallut livrer de pénibles combats pour s'arracher à la tendresse de sa jeune épouse. Un malheur affreux vint, par surcroît, frapper le cœur de Geneviève ; au moment où Siffroi allait se séparer d'elle, un messager lui apporta la triste nouvelle de la mort de son père, tué dans un tournoi par un chevalier du Tournaisis. Siffroi ne parvenait pas à la consoler ; elle pleurait sur son sein, baisait sa cuirasse et ses armes ; et, trop pieuse pour lui demander de renoncer au saint pèlerinage, elle le priait de permettre qu'elle l'accompagnât dans les camps.

Mais le guerrier en connaissait trop les périls et les fatigues. — Quand les chevaliers ses amis vinrent l'appeler pour rejoindre Godefroid de Bouillon, il s'éloigna donc avec eux, recommandant vivement Geneviève à ses serviteurs, et surtout à Golo, son intendant.

II

L'armée de la croix partit des Pays-Bas le 15 août de l'année 1096. Dès lors, seule, inquiète et tremblante, Geneviève ne trouva plus de calme que dans la retraite et la prière. Un vieux religieux, nommé Drago[1], depuis longues années attaché à la maison de son père, l'avait suivie à Aix-la-Chapelle; il lui lisait tous les jours les saints écrits qui raniment et consolent.

Geneviève n'avait pas encore donné d'enfants à son mari. Peu de jours après le départ de Siffroi, elle reconnut qu'elle était enceinte. La douce pensée d'être mère lui rendit du courage et de la force; de souriantes idées lui revinrent; elle se

---

[1] Dans plusieurs traditions populaires Dragant.

berça de l'espoir qu'elle reverrait bientôt son cher époux ; elle se réjouit du bonheur qu'il ressentirait à l'heureuse nouvelle dont elle fêterait son retour.

Cependant Golo n'avait pu voir la belle comtesse sans éprouver pour elle un coupable amour. Investi de la confiance entière de son maître, il avait caché jusque-là un sentiment qui eût pu le perdre. L'absence de Siffroi, pour un si long voyage et pour une guerre si périlleuse, lui parut une favorable circonstance. Oubliant sa condition, la distance qui le séparait de sa maîtresse, et plus que tout cela oubliant la piété, les vertus de Geneviève, il osa bientôt lui avouer sa flamme adultère. D'abord la jeune comtesse ne le comprit pas. Lorsqu'elle eut reconnu la noirceur de ses espérances, elle lui défendit avec indignation de reparaître devant elle. Mais cette défense était vaine ; ce Golo ou Golon, dont le nom est devenu une expression d'horreur, était au manoir dépositaire de l'autorité du Comte. Il ne se rebuta point ; et, comme la pudeur avait empêché Geneviève de faire éclater tout haut sa vertueuse colère, il conserva l'espoir de consommer la séduction.

Pendant plus de trois mois, aucune occasion ne fut négligée par lui. Lorsqu'il vit que les insinuations et les prières ne lui attiraient que des mépris, il employa les menaces; revêtu de tous les pouvoirs du maître, il était puissant, Geneviève, ne connaissant pas assez les lâchetés du cœur humain pour concevoir des craintes sérieuses, méprisa aussi les menaces et continua de vivre dans la prière, confiante en Dieu et en l'avenir. Mais Dieu livre quelquefois aux épreuves dures ceux qu'il veut épurer dans ce monde, qui n'est qu'un passage.

L'amour de Golo l'intendant, ne se nourrissant plus d'aucun espoir, se changea bientôt en une sorte de haine profonde. Une noire jalousie s'empara de son âme; il ne voulut pas que celle qui ne pouvait jamais être à lui fût de nouveau à un autre. Il résolut de perdre Geneviève. Comme un dernier effort, il se décida à le lui faire savoir. Elle demeura calme, ne croyant pas que l'esprit du mal eût tant de hardiesse, aimant mieux mourir pure que vivre souillée, et comptant d'ailleurs sur quelque appui. Elle avait perdu son père; elle ne savait pas si son oncle Godefroid de Louvain, parti pour Jérusalem, était encore vivant; le Comte-Palatin, frère de son mari, se mourait sur un lit de douleurs. Elle écrivit à sa mère, à sa sœur de Hainaut et à son mari; elle annonçait à Siffroi sa grossesse déjà avancée, lui confiait ses peines avec l'infidèle intendant, et le suppliait de presser son retour. Golo intercepta les lettres; et ne gardant plus de mesures il accusa hautement la Comtesse de mener une vie criminelle et de trahir la foi qu'elle devait à son époux et seigneur. Il insinua, l'infâme, que ses pieux entretiens avec Drago couvraient des rendez-vous d'amour, et que l'enfant qu'elle portait dans son sein était le fruit de l'adultère.

Peu de temps après, un jour que Geneviève était seule avec le vieux religieux, occupée à lire les saintes Ecritures, Golo se présenta brusquement devant elle, accompagné d'hommes vils qui étaient à sa solde ; il outragea la Comtesse par les plus odieuses imputations ; il accusa le pieux Drago des crimes avilissants que lui-même avait médités ; et, sans oser soutenir les regards de ses victimes, il les fit violemment séparer. Des mains vendues saisirent Geneviève et la jeèrent dans un cachot, pendant que deux meurtriers entraînaient le bon moine hors de l'oratoire pour lui donner la mort.

Lorsque la Comtesse se trouva seule dans sa prison, elle se crut en proie à des rêves horribles ; elle ne tarda pas à reconnaître que son malheur était réel.

On lui apportait tous les jours une cruche d'eau et de grossiers aliments ; personne ne lui disait une parole. Le geôlier, qui lui donnait l'eau et le pain, interrogé par elle, avait ordre de ne pas répondre. Elle supporta tout, par résignation et par amour pour son enfant, qui devait bientôt naître. Mais souvent elle pleurait avec amertume ; et après ces angoisses elle ne retrouvait quelque force qu'en se jetant dans les bras de la Vierge-Marie, en qui elle avait grande foi et douce confiance.

Un jour, elle entendit confusément le bruit des cors et des trompettes, Elle s'imagina que c'était son cher Siffroi qui rentrait dans ses domaines. Elle espéra, mais en vain ; personne n'ouvrit la porte de son cachot, et tout retomba dans le silence.

La nuit suivante, son terme étant arrivé, elle accoucha, seule et sans assistance, d'un fils qu'elle nomma Bénoni, à cause de sa douleur. Elle le baptisa avec l'eau de sa cruche, et le mit sous la protection de la Vierge-Marie. Le matin, entendant les vagissements du nouveau-né, le geôlier sembla ému ; mais il ne parla pourtant point et ne changea rien aux rudes aliments qu'il apportait à la prisonnière.

Les fanfares qui avaient frappé la Comtesse n'annonçaient pas le retour du Palatin, mais seulement un messager qu'il envoyait à sa femme, pour lui annoncer son heureuse arrivée à Constantinople. Ce fut Golo qui reçut l'envoyé de Siffroi. Il lui raconta, d'un visage composé, ce qu'il appelait les crimes et l'hypocrisie de Geneviève ; et il le chargea pour son maître d'une lettre, où il accusait la Comtesse des plus noires infidélités.

De longs jours et de tristes nuits passèrent, sans que Geneviève reçût aucune marque d'intérêt ; il lui semblait, au fond de son cachot, qu'elle était dans une tombe fermée au monde. Elle s'étonnait de ne pas voir venir à son aide au mère chérie ou sa sœur Ida. Elle ne soupçonnait pas encore qu'on avait intercepté ses lettres; que sa mère était retenue par la régence du comté de Louvain, qu'elle exerçait depuis la mort de Henri III, au nom de son second fils Godefroid, dont on ne pouvait savoir le sort; que sa sœur Ida était partie, la croix sur l'épaule, à la recherche de son époux; que des bruits sinistres se répandaient sur la destinée des soldats de la Croisade.

III

Le messager qui avait emporté la lettre de Golo ne revint qu'au bout de huit mois, apportant la terrible réponse du Palatin. Siffroi, qui idolâtrait sa femme, en apprenant son infidélité, car il ne doutait pas de son intendant, était tombé de l'amour extrême dans la plus furieuse jalousie. Donnant à peine à son envoyé le temps de changer de cheval, il lui avait remis pour Golo un ordre écrit, qui prescrivait formellement de mettre à mort Geneviève et le fruit de son adultère.

C'était ce que le perfide avait espéré. Il triompha. Il fit sortir la Comtesse de son cachot; elle parut devant lui, tenant contre son sein l'enfant, dont on ne put la séparer.

—Vous voyez, lui dit Golo, que vous êtes dans mes mains.

Il lui montra l'ordre du Comte. Pendant qu'elle lisait cet écrit avec épouvante : — Tout peut se réparer encore, ajouta-t-il; si votre cœur veut être à moi, je vous rendrai votre puissance; et votre fils reprendra son rang.

Geneviève ne leva pas les yeux.

— J'aime mieux mourir, dit-elle; je ne demande grâce que pour mon fils, qui n'a pu vous offenser, et qui est le sang de vos maîtres. — Mais qui me justifiera auprès de mon époux ?

Elle jeta un regard autour d'elle et se vit seule avec son ennemi. Au fond de la salle, gardant la porte entr'ouverte, elle n'aperçut que deux figures sinistres, qui lui semblèrent deux bourreaux.

—Personne, répliqua Golo, ne vous justifiera. Vous allez mourir; et votre souvenir sera déshonoré.

Après un moment de silence, elle dit:

— Dieu nous jugera. — Mais mon fils,... reprit-elle encore avec un regard qui suppliait...

— Il mourra avec vous.

Elle étouffa un long sanglot, et dit en embrassant son fils, qu'elle couvrit de larmes : — Nous mourrons donc ensemble : pauvre enfant ! votre père ne vous verra que dans le ciel.

Elle l'avait enveloppé d'un pan de sa robe flétrie, n'ayant pas d'autre vêtement. C'était au mois de novembre de l'année 1067.

Golo, la voyant inflexible, eut l'air de faire sur lui-même un effort violent. Il appela ses deux satellites, dont il connaissait toute la dureté; il leur ordonna d'emmener la Comtesse avec son enfant, à l'heure de minuit, dans un lieu écarté de la forêt, de la mettre à mort elle et son fils, d'ensevelir leurs restes dans le lac, et pour preuve de cette exécution, disent les chroniques, de lui rapporter les yeux de Geneviève.

La nuit s'avança; et, la Comtesse n'ayant fait demander aucune grâce à Golo, les deux bourreaux vinrent la prendre à minuit. Ils s'en allèrent, avec elle et l'enfant, dans la forêt. Ils marchaient en silence ; Dieu sans doute les suivait de son regard.

La nuit était froide, le ciel calme et pur, les arbres chargés de glaçons et de frimas. Geneviève allait à peine vêtue ; mais elle s'était accoutumée à souffrir.

Arrivés au lieu du supplice, les deux assassins s'arrêtèrent. Geneviève se mit à genoux pour prier, tandis qu'ils tiraient du fourreau leurs larges poignards. Alors l'enfant, insensible à cette scène de meurtre, prit innocemment le sein de sa mère. La jeune comtesse, à ce mouvement, perdit ses forces ; elle se mit à pleurer.

— Oh ! je vous en conjure, dit-elle en descendant aux supplications, accordez encore un moment à mon pauvre enfant.

Les deux bourreaux détournèrent les yeux ; ils demeuraient muets ; mais leurs mains semblaient trembler. Geneviève crut qu'elle pourrait les toucher. — Je suis innocente, leur dit-elle ; promettez-moi de le dire à mon époux avant votre mort ; car vous aussi vous mourrez... ; et si je fus autrefois pour vous bonne et compatissante maîtresse, accordez-moi aujourd'hui une grâce qui est en votre pouvoir. Faites-moi mourir avant mon cher enfant. Je vous pardonnerai à ce prix, je demanderai à Dieu qu'il vous pardonne.

Une grosse larme brilla dans la nuit, comme un ver luisant, sur la joue de l'un des bourreaux. Il était ébranlé. Tirant son compagnon à l'écart :
— C'est un vrai crime que nous allons faire là, dit-il. Elle a été notre maîtresse ; elle était pour nous, comme pour les plus grands, douce et affable : et si nous la sauvions.... peut-être un jour nous fera-t-elle encore du bien....

L'autre assassin, luttant contre sa conscience, objecta la volonté de Golo et surtout l'ordre formel du Comte. Néanmoins la miséricorde l'emporta aussi dans son cœur. Ils offrirent à Geneviève de lui laisser la vie, si elle voulait jurer sur la croix de vivre cachée dans une caverne et de ne jamais reparaître. L'amour maternel était trop grand dans Geneviève pour qu'elle n'embrassât pas avidement cette proposition. Son fils était son univers ; elle rendit grâces à ces hommes, les appelant ses sauveurs ; et elle s'enfonça dans la forêt, jusque dans le canton de Zulpich ou Tolbiac, au pays de Cologne, pendant que les deux satellites de Golo, ayant tué un pauvre chien, qu'ils avaient rencontré, rapportèrent ses yeux à l'intendant, comme preuve de la mort de Geneviève.

La jeune Comtesse, ayant marché toute la nuit, s'arrêta épuisée devant une caverne qui lui parut un asile. Aucun chemin n'y conduisait. Elle s'y reposa; le soleil s'était levé; et tout autour d'elle était désert et silence. Bientôt un bruit subit dans le feuillage la fit tressaillir; elle vit venir une biche avec son jeune faon, dont cette caverne était la retraite. La biche parut intimidée à son aspect; mais, le petit faon s'étant mis à jouer avec elle, la biche prit confiance et s'avança aussi. La Comtesse regarda cet incident comme un secours du Ciel; car elle n'avait presque pas de lait pour nourrir son enfant. En peu de jours, la biche s'accoutuma si bien à la compagnie de Geneviève, qu'elle se laissa téter par le petit Bénoni, et qu'elle partagea sa tendresse entre son faon et le fils du Palatin.

La Comtesse ne vivait que de plantes qu'elle arrachait dans la forêt, de racines, de glands, de fruits sauvages. Une petite source voisine lui donnait de l'eau pure. Elle se couchait avec son fils sur un lit de feuilles séchées, à côté de la biche et du jeune faon.

IV

Siffroi cependant, après l'ordre cruel qu'il avait donné, s'était senti frappé de remords. L'innocence et la pureté de Geneviève lui étaient revenues à la mémoire; et il avait repoussé comme infâme l'idée qu'elle se fût souillée d'un crime. Un second messager avait été envoyé par lui, pour contremander la hideuse sentence que lui avait dictée la colère. Il suivait le premier de trois jours seulement; mais il arriva trop tard. Il revint annoncer à son maître que tout était consommé.

Les croisés en ce moment quittaient Antioche conquise pour marcher sur Jérusalem. Siffroi, navré par le désespoir, vieillit en quelque sorte tout d'un coup, devint sombre et triste, et ne chercha plus que la mort dans les combats nombreux que livra l'armée de la croix. Mais la mort semblait dédaigner sa téméraire ardeur. Vainement il affrontait les périls; vainement, au long siége de Jérusalem, on le vit toujours le premier aux assauts; il vécut. Et, quand les guerriers de la Croisade se rembarquèrent pour l'Europe, il fut un des derniers à partir; il semblait craindre de revoir les lieux où il avait aimé sa chère Geneviève.

Il rentra dans les Pays-Bas, au milieu de janvier de l'an 1100, et traversa la Flandre et le Brabant sans s'arrêter, regagnant tristement Aix-la-Chapelle.

Ce ne fut qu'à Bruxelles qu'il apprit que son frère Henri venait de mourir, et qu'il lui succédait dans la dignité de comte palatin du Rhin. La puissance et la souveraineté, qu'il ne pouvait plus partager avec son épouse chérie, lui parurent un fardeau.

Golo, instruit de son arrivée, se rendit au-devant de lui jusqu'à Liége. Le félon était vêtu de deuil. Il lui suscita avec hypocrisie tant de preuves du crime de Geneviève, que Siffroi resta persuadé qu'en ordonnant sa mort, il n'avait fait que venger son honneur. Il n'en rentra pas moins dans son château avec l'âme pleine de douleur; il s'y trouva dans une affreuse solitude. Tout lui rappelait Geneviève et le bonheur qu'elle lui avait donné. Alors, de nouveau, il ne pouvait croire à sa perfidie. Il n'eut pas la force de passer la nuit dans ce manoir ; dès le jour de son arrivée il s'en alla habiter le château des comtes-palatins, dont la mort de son frère l'avait rendu héritier.

Mais là un autre objet de remords le suivit ; Golo se présentait sans cesse à sa vue ; l'aspect de cet homme l'irritait ; il le haïssait sans pouvoir s'en rendre raison ; il le traitait avec dureté. L'intendant se plaignit, comme un serviteur fidèle dont on méconnaît le dévouement. Dans l'espoir de ramener quelque sérénité sur le front de son maître, il voulut l'engager à prendre une autre femme. Mais si Geneviève l'avait trompé, quel ange pouvait le rendre heureux ? Siffroi exprima l'irrévocable résolution de vivre à jamais seul.

Deux jours après son arrivée, il retourna à son château ; et il prit, comme malgré lui, l'habitude d'y aller tous les jours, exigeant que personne ne le suivît. Il errait dans tous les lieux qui lui rappelaient Geneviève. Un matin, plus agité

que d'ordinaire, il voulut visiter le cachot où Golo l'avait enfermée. Son cœur se serra en y entrant, en songeant que là elle était devenue mère. A la lueur d'une torche qu'on portait devant lui, il lut ces mots sur la muraille : « O mon cher
» Siffroi, je vais mourir, et c'est vous qui le vou-
» lez. Vous pleurerez sur moi. Mais si vous lisez
» ceci, sachez que je vous pardonne, comme Jésus
» Notre-Seigneur a pardonné, et que mon cœur
» est toujours à vous. »

— O Dieu! s'écria-t-il, elle était innocente! Mon Dieu, faites que je ne puisse en être convaincu !...

V

Siffroi ne trouvait à se distraire de ses violentes douleurs que dans les fatigues de la chasse. Il s'y livra sans réserve ; et dès lors on le vit errant dans les bois, ne parlant plus, ne s'occupant plus du gouvernement de ses États, vivant comme un homme qui est forcé de vivre et qui ne peut entièrement secouer sa chaîne. Il ne soupconnait pas que souvent il passait à un jet de flèche de la retraite de Geneviève.

Un jour du mois de novembre de l'année 1104, le Comte poursuivait une biche qui fuyait avec vitesse ; il se laissa emporter à sa suite ; et la biche le conduisit à la grotte habitée par Geneviève. La Comtesse, n'ayant plus de vêtements, se réfugia, à l'aspect d'un homme, jusqu'au fond de la caverne. Le petit Bénoni, qui recueillait des racines pour sa mère, courut aussi se cacher. Siffroi, étonné s'arrêta.

— Qui êtes-vous ? dit-il. Adorez-vous Jésus-Christ ?

Depuis sept ans, c'était la première fois que Geneviève entendait les sons d'une voix humaine autre que celle de son fils. Elle répondit, après un moment d'émotion :

— Je suis femme et chrétienne.

— Si vous êtes malheureuse, reprit Siffroi, pourquoi vous cachez-vous ?

— Mes vêtements se sont usés, dit-elle, et je ne puis paraître devant un homme.

Le Comte-Palatin, détachant son riche manteau, le jeta dans la grotte. Geneviève, s'en étant couverte, s'avança. Mais, malgré la croix de drap rouge qui brillait toujours sur l'épaule du croisé, elle ne reconnut pas son époux, dont le désespoir avait vieilli les nobles traits.

Lui, de son côté, ne soupçonnant pas que ce fût là sa chère Geneviève, se prit à dire :

— Comment ! pauvre femme, vous êtes ici sans vêtements ! Et quelle est donc votre nourriture ?

— J'ai pour me nourrir, répondit-elle, les racines et les fruits sauvages de cette forêt.

— Et cet enfant ? dit le Comte.

— Il est mon fils et le fils d'un noble chevalier. Mais son père l'a méconnu ; et j'ai promis de ne le point nommer.

— Seriez-vous victime aussi de la perfidie ?

— Ma bouche, seigneur, fut toujours étrangère au mensonge. Un félon, qui voulait m'ôter l'honneur, me perdit pour se venger de mes refus. Jeune et recherchée, je suis venue du Brabant...

Elle s'arrêta à ce mot.

— Oh ! Ciel ! s'écria Siffroi en tombant à genoux, vous êtes Geneviève....

La Comtesse avait retrouvé son époux. Dans les bras l'un de l'autre, ils ne se souvenaient plus des horreurs du passé. Un cri d'effroi du petit enfant vint seul les rappeler à la vie présente. Tandis que le Comte-Palatin couvrait son fils de baisers et de larmes, les chasseurs qui l'accompagnaient s'étaient approchés, stupéfaits de la scène qui se passait devant eux ; et l'enfant s'était effrayé. Golo était là ; en entendant nommer Geneviève, il pâlit comme un spectre, et voulut s'enfuir. Deux écuyers, comprenant tout l'horrible mystère, l'arrêtèrent brusquement...

On apprêtait à la hâte un brancard pour remmener la Comtesse en triomphe. Avant de quitter ces lieux consacrés, le Palatin fit le vœu de bâtir à la Vierge-Marie une chapelle, sur le petit tertre où il avait retrouvé sa femme et son fils. C'est là l'origine de l'église du Mont-Notre-Dame (*Frauenberg*), autour duquel s'est formé un joli village. Puis il sonna trois fois du cor ; tous les bois en retentirent ; tous les hameaux voisins accoururent.

Il prit son fils dans ses bras et suivit la rustique litière de sa femme, au milieu des cris d'allégresse de tous ses vassaux. Geneviève rentra ainsi dans le château, qui n'avait pas été habité depuis son absence.

On raconte que la biche, accoutumée à vivre avec elle, ne voulut pas la quitter, non plus que l'enfant qu'elle avait nourri de son lait, et qu'elle suivit le cortége, marchant à côté de Geneviève, de qui elle ne détachait pas ses regards.

Les deux assassins qui avaient épargné la Comtesse furent retrouvés et comblés de présents, pendant que quatre taureaux indomptés écartelaient Golo, dont les restes horribles furent jetés à la voirie.

Siffroi semblait renaître d'heure en heure; toutes ses peines étaient effacées. Mais, disent les saints légendaires, il devait expier plus durement encore le crime qu'il avait commis dans un transport d'indigne colère, en ordonnant sur un mensonge la mort de sa femme. La bonne Comtesse, malgré les fêtes qu'on lui donna, malgré tout l'amour de son époux, se rattacha mal à la vie. Ses souffrances, si longues et si incessantes, l'avaient tuée depuis longtemps. Elle n'avait en quelque sorte vécu que pour son fils. Un peu plus d'un an après sa réunion avec Siffroi, le 2 avril 1106, Geneviève s'éteignit saintement, tenant d'une main la croix de bois qui avait consolé sa grotte, de l'autre la main de son époux, qu'elle bénit de ses prières jusqu'à son dernier souffle.

On dit que la biche fidèle pleura tout un jour au pied du cercueil de Geneviève, et qu'au matin on la trouva morte auprès de celle à qui elle s'était vouée.

Et, le 2 avril de l'année 1113, un vieillard, blanchi avant l'âge, sillonné de rides que les larmes avaient creusées, soutenu par un enfant de seize ans, dont la douleur avait aussi flétri les traits, vint s'agenouiller à la chapelle du Frauenberg, devant l'autel de la Vierge-Marie; le jeune homme se mit à genoux aussi, et tout deux prononcèrent lentement les vœux qui détachent de la terre, pendant qu'un prêtre, sans doute inspiré, chantait :

Sancta Genoveva! ora pro nobis.

Ils prirent l'habit monastique ; et le monde n'entendit plus parler de ces deux solitaires. — C'était le Palatin et son fils.

LE PÈLERINAGE D'OLIVIER LEEFDALE

A LA RECHERCHE DE GODEFROID-LE-BARBU.

> Prosperum iter faciat tibi Deus, et custodiant te angeli Dei, in omnibus viis tuis.
> ANCIEN RITUEL.

I

Au nom du Père, et du Fils, et du Saint-Esprit. Amen.

Ceci est la relation de mon pèlerinage à la recherche de monseigneur Godefroid de Louvain, aujourd'hui Comte de Brabant et duc de la Lotharingie-Inférieure. On y verra comment je suis parti de Brabant le 12 avril de l'année 1097, pour n'y revenir qu'au mois de janvier de l'an 1100.

Aux fêtes de Pâques de l'année 1096, pendant que tous les chrétiens, animés par les pieuses prédications du bienheureux ermite Pierre, se hâtaient de prendre la Croix pour aller délivrer le sépulcre de Notre-Seigneur, on vit plusieurs princes et nobles personnages exciter leurs amis à les accompagner. Ils donnaient, pour les réunir, de grandes fêtes en leurs cours.

Monseigneur Everart, prince de Tournay, avait annoncé des jeux militaires. Les plus vaillants hommes y étaient invités. Parmi tous, on remarquait monseigneur Henri-le-Troisième, comte de Louvain et avoué de plusieurs abbayes. Ayant revêtu sa bonne armure de buffle chargée de lames de fer, il fit équiper son cheval de combat, avec les tabliers de cuir et le chanfrein d'argent ; puis il embrassa Gertrude de Flandre, sa femme, la bonne comtesse Adèle, sa mère ; et, suivi de deux écuyers seulement, il partit de son château de Louvain pour la ville de Tournay. Il fit ce voyage en quatre jours, s'étant arrêté, pour passer les nuits, à Bruxelles, à Enghien, et en un manoir voisin d'Ath. Plusieurs chevaliers de ces lieux-là s'étaient joints à lui.

Le seigneur Everart fut content de l'honneur que lui faisait le comte de Louvain. Il voulut le loger chez lui, tout le temps de son séjour à Tournay. Il habitait le vieux château royal qui est dans l'île formée au bas de la ville par le petit bras de l'Escaut [1]. Sur la rive gauche, entre le fleuve et la cathédrale, il avait fait préparer une lice pour le tournoi.

Avant de combattre, bon nombre de seigneurs reçurent la croix, comme il s'était fait à la passe d'armes de monseigneur Baudouin de Hainaut à Anchin; et ils jurèrent de faire le saint voyage en la compagnie de Godefroid de Bouillon, qui rassemblait une grosse armée. Monseigneur le comte de Louvain promit aussi d'aller aux saints lieux, mais toutefois après le retour de son frère Godefroid, qui était parti depuis long temps déjà, avec les premiers Croisés. Il ne devait pas remplir ce vœu.

Le tournoi s'étant ouvert, il se fit de belles joûtes et rencontres, d'un contre un, deux contre deux, dix contre dix. C'était un spectacle de guerre qui faisait grand fracas, toutefois sans

---

[1] Cette île n'existe plus, le petit bras de l'Escaut ayant été comblé.

effusion de sang : car les armes de fer se heurtaient avec bruit; mais n'étant qu'armes de jeu, elles ne perçaient point.

Par malheur et fâcheuse affaire, au milieu du dernier jour qui devait clore le tournoi, Monseigneur Henri de Louvain eut une querelle, on ne sait pourquoi, avec le seigneur Gosceguin, chevalier du Tournaisis. Ils se reprirent à voix basse et sans qu'on soupçonnât qu'ils disputaient avec fiel. Puis ils sortirent tous deux un instant et demandèrent au retour qu'on leur donnât le champ. On ne s'aperçut pas qu'ils avaient changé leurs armes et pris des lances de guerre. La lice leur fut laissée ; la foule se mit à regarder qui des deux romprait la lance de son adversaire. On vit rapidement le combat devenir sérieux et animé. Au bout d'un quart d'heure au plus, on fut surpris par un événement terrible : le comte de Louvain tomba, percé d'un coup de lance qui lui traversait la poitrine.

Le seigneur Gosceguin, abandonnant son arme, se retira en l'église de Saint-Piat. Il n'en sortit que quand on se fut assuré que le combat s'était passé loyalement, et que le comte Henri était armé aussi de la lance affilée. Le pauvre prince mourut peu d'instants après, ayant eu le temps à peine de reconnaître ses torts, de recevoir la sainte communion, et de recommander qu'on rappelât son frère Godefroid de la Palestine pour lui succéder, car il ne laissait que des filles. Le tournoi fut clos avec consternation, à cause d'une calamité si grande; et les seigneurs du pays, s'étant assemblés à Louvain, donnèrent la régence à la comtesse Adèle, qui administra au nom de son second fils Godefroid.

On envoya à la recherche de ce prince plusieurs messagers, chargés de lui annoncer la mort de son frère et de le ramener pour hériter du comté de Louvain. Mais, de ces messagers, les uns ne revinrent jamais, d'autres reparurent sans avoir rien découvert. Un seul, qui s'appelait Hugues, après huit mois de pénibles voyages, rapporta pour tous détails qu'il avait parlé à divers chevaliers dans le pays de Constantinople, et à l'empereur d'Asie lui-même, et que tous l'avaient assuré que le seigneur Godefroid de Louvain était captif chez les infidèles. Mais il n'avait pu savoir en quelles contrées. D'autres renseignements qui vinrent pendant l'hiver confirmèrent ce triste rapport.

La grande armée des Croisés que conduisaient Godefroid de Bouillon, Hugues de Vermandois, Baudouin de Mons, Robert de Paris et Robert de Flandre, était partie. On avait promis de hautes récompenses à celui qui pourrait ramener le comte de Louvain; mais ces promesses n'avaient produit aucun résultat. On en fit de nouvelles. On demanda des hommes qui voulussent se consacrer spécialement à la recherche du prince et jurer de ne pas revenir sans lui. Le seigneur évêque de Tournay, le seigneur évêque de Liége et d'autres prélats offrirent aussi pour ce périlleux voyage de grandes faveurs. Mais personne ne s'y décidait.

II

Dans ces entrefaites, quoique j'eusse alors un peu plus de trente ans, ayant passé plusieurs de mes meilleures années dans les armes, je cherchais à épouser une jeune fille de seize ans qui se nommait Alix. Elle avait pour père André de Warik, noble homme de Bruxelles. Je priai le chapelain de Saint-Jacques, qui était mon confesseur, de la demander en mariage. Il fut accueilli avec bienveillance. Mais on lui dit que la fille étant trop jeune, on ne la marierait que dans deux ou trois ans, après le retour des Croisés ; que cependant on me permettait de lui parler. Ce fut déjà pour moi une bonne chose, et j'allai saluer Alix.

Ses parents l'ayant laissée seule avec moi, pour qu'elle fût plus libre en ses déterminations, elle me dit qu'elle avait fait un vœu ; et, comme je pâlissais, elle se hâta de me l'expliquer : c'était de ne se marier qu'après le retour du comte Godefroid, à qui son père devait sa fortune.

Voyant qu'elle ne disait rien de mon âge, je me rassurai, et je dis que je ne pouvais blâmer ses généreux sentiments. Elle ajouta :

— Mais pourquoi n'êtes-vous pas croisé ? Tout homme vaillant ne doit-il pas saisir une occasion si belle d'effacer ses péchés ?

Je répondis que j'avais équipé trois hommes pour l'armée de la Croix. Alors elle reprit :

— Je ferai donc un autre vœu, s'il peut vous plaire, celui de n'être jamais à autre que vous, pourvu que vous alliez à la recherche du seigneur comte, et que vous le rameniez à Louvain, ou que du moins vous rapportiez de lui des nouvelles si certaines, que l'on puisse traiter de sa rançon.

— J'accepte votre vœu, répondis-je au bout d'un instant ; et dans huit jours je partirai, pour ne revenir qu'après avoir satisfait à ce qui est votre désir. Mais, pour rendre mon voyage plus doux, consentez-vous, avant mon départ, à être ma fiancée ?

Alix ayant dit qu'elle consentait, et André de Warik approuvant tout, il fut fait ainsi.

Je fus conduit à la comtesse Adèle, qui me donna ses instructions et me remit des pierres précieuses pour payer la rançon de son cher fils. De toutes parts je reçus de grands encouragements. Je fus muni des cédules de protection de plus de vingt seigneurs. J'eus une charte de l'évêque de Tournay, une de l'évêque de Liége, une de l'abbesse de Nivelles ; et, le douzième jour d'avril de l'année 1097, quatre de mes amis ayant consenti à m'accompagner, je remis ma maison du chemin de Saint-Jacques [1] à la garde de l'Église, et je montai sur le Caudenberg, à la chapel-

[1] Aujourd'hui la Montagne de la Cour à Bruxelles.

le, pour être béni comme pèlerin consacré à Dieu.

On demanda à tous les fidèles de la paroisse s'ils ne me trouvaient pas indigne d'aller visiter les lieux saints, à la recherche du comte Godefroid? Personne ne s'étant levé contre moi, le chapelain de Saint-Jacques exposa mes projets. Il mit ma fiancée sous la garde de Dieu et de l'Eglise, et il dit que pour mon salut je désirais, en faisant un si long voyage, aller adorer, si je le pouvais, dans Jérusalem. Tout le monde ayant répondu *amen*, il m'imposa les mains, me donna la panetière et le bourdon bénits, avec une lettre encore qui me recommandait à tous les monastères et à tous les serviteurs de Dieu. La même cérémonie eut lieu pour mes quatre compagnons. De toutes parts on nous combla de bénédictions et de louanges; après quoi, selon l'usage, la paroisse entière, avec le clergé, la bannière de Saint-Jacques et un très grand nombre d'habitants de Bruxelles nous firent la conduite en chantant les cantiques de l'Eglise, les litanies des Saints, et jetant devant nous des rameaux de buis vert, jusqu'aux limites du territoire de Bruxelles, sur le chemin de Vilvorde. Là, le bon chapelain nous bénit encore et nous embrassa.

III

Nous allâmes ce premier jour coucher à Malines, où le seigneur Gauthier de Grimberg, avoué de cette ville, qui est fief de l'évêque de Liége, nous reçut avec grande bonté. Le lendemain, nous allâmes faire nos prières devant la châsse du bon saint Amand, à Anvers. Trois jours après, nous nous embarquâmes sur un vaisseau marchand, qui partait, chargé de draps de Louvain, d'Arras et de Bruxelles, les plus renommés du monde.

Il y avait huit mois que l'armée qui devait délivrer le Saint-Sépulcre avait quitté le pays. Nous ne voulions pas suivre la route de terre; nous savions tous les malheurs des premiers Croisés, massacrés en partie chez les barbares. A la vérité, ceux que Godefroid de Bouillon avait menés par le même chemin l'avaient plus heureusement traversé. Mais nous étions sans défense, et nous aimions beaucoup mieux nous fier à la mer, en ce temps-là sillonnée en tous sens par les vaisseaux amis, qui portaient continuellement des secours aux Croisés.

Notre navigation fut heureuse. Je n'en ferai aucun récit. En ces derniers temps, un si grand nombre des nôtres ont traversé les mers pour le saint pèlerinage, que tout le monde sait ce que je pourrais dire.

Nous arrivâmes à Constantinople, dont les habitants sont chrétiens, mais hérétiques et mal portés pour nous. J'appris les fâcheuses trahisons qu'ils avaient faites aux Croisés ; et je sus là que si Godefroid de Bouillon ne fût pas venu, qui intimida l'empereur d'Asie, les pèlerins de Jérusalem eussent probablement péri tous dans les piéges qu'on leur tendait. Nous savions déjà que les premiers soldats de la Croix avaient été massacrés ou faits prisonniers par les Infidèles, et que notre jeune comte Godefroid de Louvain faisait partie des captifs. Il nous fut dit que l'armée de Godefroid de Bouillon avait pris Nicée, et qu'elle s'avançait en triomphe sur la Palestine.

Nous étant réunis à plusieurs autres, nous fîmes marché d'un petit navire qui devait nous conduire, en remontant le fleuve Sangar, jusqu'à trois ou quatre lieues de Nicée. On nous trompa cruellement; car on nous débarqua au-dessus d'Héraclée, au bord d'une rivière de la Paphlagonie; c'est le nom qu'on donne à ce pays inconnu. Nous étions soixante et dix pèlerins. Nous prîmes un chemin qu'on nous indiqua sur notre gauche, croyant gagner Nicée, dont nous étions séparés par plusieurs journées de marche.

Après nous être avancés tout un jour, sous un soleil brûlant, mourant de soif, nous aperçûmes un bois, qui nous fit espérer de la fraîcheur et de l'eau. Mais nous n'y étions pas arrivés, qu'un de mes compagnons s'arrêta tout à coup avec effroi. Il nous montra, parmi les arbres, des hommes montés sur des chevaux et sur des chameaux. Ils avaient pour nous un aspect sinistre; leur chevelure était ornée de rubans qui pendaient, ou surmontée d'aigrettes; ils étaient entièrement nus, à l'exception de leurs épaules, que couvraient de petits manteaux rayés, et de leurs pieds, qui reposaient dans des bottines grossières.

Tous nos camarades s'arrêtèrent, pensant à fuir; mais les hommes du bois, lançant leurs chevaux et leurs chameaux, montures que je voyais pour la première fois, vinrent sur nous. Ils tenaient à la main de très grands arcs bandés et chargés de longues flèches. Nous tombâmes tous à genoux ; ce qui nous sauva. Les barbares, nous voyant humiliés, nous épargnèrent et se contentèrent de nous emmener prisonniers. Ils nous prirent tout ce que nous possédions, excepté les pierreries que j'avais emportées pour la rançon du comte Godefroid, et que j'eus l'adresse de cacher.

Pendant vingt-deux mois, nous restâmes captifs des Infidèles, mal nourris et continuellement surveillés, mais occupés à des travaux assez doux. Nous apprenions là, par des prisonniers chrétiens qu'on amenait de temps en temps et qui partageaient notre malheur, les progrès de la guerre sainte : c'était pour nous une consolation. Personne toutefois ne pouvait nous rien dire de Godefroid de Louvain. Nous espérions néanmoins toujours. Pour moi, je pensais continuellement à ma fiancée et je me disais :

— Dieu me permettra de la revoir.

J'étais trop préoccupé pour observer assidûment les mœurs de ces barbares, qui adorent Mahomet. Plusieurs fois, dès qu'il y en eut parmi nous qui surent quelques mots de leur langue, ils nous proposèrent la liberté, si nous voulions adopter leur religion. Mais aucun n'y consentit, et ils nous tourmentèrent peu à ce sujet. Deux d'entre nous, qui étaient d'habiles artisans de Louvain, ayant imaginé, pour gagner le cœur de nos maîtres, de construire un métier à tisser le drap, les barbares en furent si contents, qu'ils promirent de nous laisser libres, aussitôt que nous aurions pu leur apprendre à fabriquer les étoffes qu'ils allaient acheter à Chalcédoine. Cet espoir nous inspira à tous de l'ardeur ; et ces hommes tinrent leur promesse.

IV

Au mois d'août de l'année 1099, on sut que Godefroid de Bouillon venait de prendre Jérusalem. Il inspirait dans toute l'Asie une grande terreur. Voulant avoir un titre à ses bonnes grâces, nos maîtres comptaient s'appuyer auprès de lui de notre témoignage ; et nous n'avions pas trop à nous plaindre en effet d'une captivité qui eût pu être bien plus rude. Ils nous conduisirent donc, par de longs chemins, jusqu'au pied du

Olivier Leefdale

mont Liban, où l'on disait que plusieurs chefs de l'armée de la Croix avaient posté leurs camps.

En traversant ainsi des villes et des bourgs inconnus, je remarquai plusieurs choses nouvelles. Je fus frappé de voir des moulins que le vent faisait tourner : invention qui ne peut être due qu'à des hommes entièrement dépourvus d'eaux courantes. Au lieu de la roue, que fait aller un ruisseau, c'est un assemblage de quatre, cinq ou six voiles, à peu près comme les voiles de nos barques de pêche, supportées par autant de petits mâts disposés en croix ou en étoile, et qui ont pour centre commun un essieu. On expose cette roue de voiles au souffle du vent, au moyen d'un pivot sur lequel tourne l'édifice, et le moulin intérieurement va comme les nôtres. Mais je n'en dirai pas plus ; on commence déjà à construire de ces sortes de moulins dans notre pays.

J'admirai encore une imagination qui me parut ingénieuse. Ces peuples, quand ils sont en guerre, ont, en deux ou trois heures, des nouvelles de ce qui se passe à cinquante ou soixante lieues, par des colombes ou pigeons apprivoisés, qu'on lâche avec une petite lettre sous l'aile et qui s'en retournent fidèlement à leur gîte.

Ces découvertes, en nous instruisant, nous réjouissaient et nous consolaient un peu de nos peines.

Les peuples de l'Asie reçoivent aussi de la nature quelques dons qui prouvent bien que leur terre a été autrefois le pays chéri de Dieu. Ils recueillent sur des arbustes une laine fine qui est plus douce que celle des agneaux [1]. Ils tirent de certains roseaux une poussière jaunâtre, plus exquise que le miel ; ils l'appellent sucre (*zucar*). Mêlée à toute boisson, cette substance est très délicieuse.

J'allais donc, m'enquérant partout avec persévérance du comte Godefroid de Louvain, et n'en ayant encore sérieusement aucune nouvelle. Des chevaliers que nous rencontrâmes un jour, m'assurèrent qu'il avait été emmené captif chez le roi d'Arménie et qu'il y était mort. J'espérai qu'il n'en serait pas ainsi. Je conservais toujours en secret mes pierreries pour le racheter.

[1] Le coton.

En arrivant au Liban, les Paphlagoniens nous apprirent que Godefroid de Bouillon était à Jérusalem, où le peuple venait de le faire roi. Avant de quitter ces hommes, qui nous traitaient de leur mieux et qui faisaient notre sûreté au milieu des infidèles, comme nous faisions la leur au milieu des chrétiens, nous demandâmes à visiter le Liban. Il nous fallut monter sept à huit heures pour arriver jusqu'aux cèdres, dont quelques-uns sont énormes, et remontent, dit-on, au commencement du monde.

Nous nous embarquâmes pour aller à Jérusalem, où j'espérais gagner l'absolution de mes péchés, et recueillir, parmi tant de soldats de la Croix réunis dans la ville sainte, des renseignements sur le comte de Louvain. Les barques qui nous transportaient relâchèrent à Berithe [1] ; je profitai de quelques instants pour aller voir la caverne du dragon de saint Georges. On me raconta des choses qui semblent très prodigieuses.

Il y avait là, me dit-on, au bord de la mer, du temps de l'empereur Dioclétien, un puissant dragon qui dévastait le pays. Il se retirait sous un

[1] Aujourd'hui Beyrouth.

rocher, dans un antre qu'on fait voir encore. Pour calmer ce monstre, on lui livrait de jeunes filles qu'il dévorait. La masure où ces pauvres victimes étaient exposées subsiste toujours, et j'y ai fait ma prière. On y conduisit la fille d'un notable seigneur de la contrée : le sort l'avait désignée à son tour, et elle se lamentait en longs sanglots, s'apprêtant à mourir. Son vieux père s'arrachait les cheveux, quand le glorieux saint Georges, l'un des plus vaillants capitaines de l'Empire, débarqua à Berithe. Il se fit conduire à la masure, tua le dragon, détacha la jeune fille et la ramena à son père. Ce haut fait d'armes parut si noble, que, depuis, les chevaliers ont pris saint Georges pour leur patron.

De Berithe, nous passâmes près de Sidon, où l'on trouve encore la maison de la Cananéenne, dont Notre-Seigneur guérit la fille. On me montra aussi les ruines de Sarepta, ville habitée autrefois par cette pauvre veuve qui reçut si bien le prophète Élie. Je ne pus voir Tyr ni Damas. Mais j'obtins de nos guides la permission de monter au Carmel, où je priai dans la grotte d'Élie. Quelques bons moines de son ordre, le plus ancien de tous, sont là, vivant dans la pénitence. Ils me menèrent à un lieu qu'on nomme le jardin d'Élie, et qui est, comme presque tous les lieux saints, un miracle perpétuel. Les religieux me rapportèrent qu'un soir le saint prophète, accablé par la chaleur, aperçut en ces lieux-là un jardinier qui avait beaucoup de melons. Il s'approcha de cet homme et lui demanda un melon pour se rafraîchir.

— Ne voyez-vous pas, dit le jardinier avare, que ces objets qui vous semblent des melons ne sont que des pierres ?

— Eh bien ! répliqua doucement le saint, si vous voulez que ce soient des pierres, qu'elles restent des pierres.

Tous les melons s'étaient pétrifiés pendant qu'il parlait ; et je vis en effet, sur ce lieu maudit, une multitude de pierres qui ont la forme de melons. Cette histoire, toutefois, est très vieille et peut avoir été altérée.

A six lieues du Carmel, nous allâmes visiter Nazareth, qui n'est plus qu'un pauvre village. On y arrive en descendant toujours, comme dans une fondrière. Je me prosternai la face contre terre dans la chambre de la Sainte Vierge et dans son oratoire. Cet oratoire est une grotte creusée dans le rocher ; il n'a pas seize pieds de long sur douze de large. Marie était en prière dans la chambre, quand l'ange vint lui annoncer le choix que Dieu faisait d'elle. L'impératrice Hélène a fait placer une colonne de marbre à l'endroit où le messager du ciel prononça *l'Ave Maria*. Les Infidèles ont respecté ces monuments. Malgré leur égarement impie, qui leur fait adorer Mahomet, ils honorent Notre-Seigneur, l'appelant le prophète Jésus ; et ils révèrent sa très sainte Mère.

On voit auprès de Nazareth une grand pierre ronde, qu'on nomme la table de Notre-Seigneur, parce qu'il y mangea, dit-on, plusieurs fois avec ses disciples ; et à peu de distance la fontaine où la Sainte Vierge lavait de ses mains les langes de l'enfant Jésus. On sait que quelques-uns de ces précieux langes ont été conservés, et que l'empereur Charlemagne en a enrichi la sainte basilique d'Aix-la-Chapelle.

De Nazareth, nous montâmes au Thabor, qui est la plus belle montagne du monde. On y voit la pierre où Abraham dîna avec Melchisédech, et plus haut trois autels rustiques, appelés les trois tabernacles, qui marquent le lieu où Notre-Seigneur fut transfiguré, ayant à ses côtés Élie et Moïse.

Nous dominions sur de vastes plaines. On me désigna le champ où les apôtres, ayant faim, pressèrent les épis, la colline où Notre-Seigneur rassasia cinq mille personnes avec sept pains et deux poissons, le tertre sur lequel il prononça les béatitudes.

J'allai ensuite, à deux lieues, visiter Cana, où Jésus changea l'eau en vin. Je bus à la fontaine où l'on allait remplir les cruches. L'église que sainte Hélène avait fait bâtir sur le lieu du festin est en ruines. Près de Cana, on me fit voir le tombeau de Jonas. Les infidèles, qui honorent aussi ce prophète, ont élevé là un temple à leur usage; personne de nous n'y entra.

Au milieu des agitations de la guerre, qui n'était pas finie, car toute la Terre-Sainte n'obéissait pas encore aux chefs chrétiens, nous allions pourtant sans mésaventures. Il est vrai que nous étions prudents, selon le conseil de l'Évangile ; et, malgré notre empressement à honorer le Saint-Sépulcre, nous nous hâtions avec une sage lenteur.

En nous éloignant de Cana, nous vîmes de loin la ville de Naïm, où le bon Sauveur ressuscita le fils de la veuve et le rendit à sa mère. Ce n'est plus qu'un village. Je remarquai les ruines d'Endor, où vivait la pythonisse que Saül alla consulter, les montagnes de Gelboé, terres stériles et maudites, depuis que Saül s'y tua de son épée. On me montra le triste village d'Iscariote, lieu natal de Judas. Je vis à Joppé (Jaffa) la demeure de Tabitha, à qui saint Pierre rendit la vie, touché par les larmes des pauvres qui lui montraient les vêtements qu'elle leur avait donnés. Je saluai dans Ramla la maison de Joseph d'Arimathie ; je traversai le village où était né le bon larron ; et enfin je sus que nous étions près de Jérusalem, en me trouvant dans cette plaine où David tua autrefois Goliath et où depuis peu les soldats de la Croix avaient défait les Sarasins.

Nous aperçumes bientôt la cité sainte. Tous nous tombâmes à genoux.

V

Jérusalem, le but de tant de pèlerinages, est bâtie sur des collines et entourée de montagnes. Cette ville nous parut désolée. Mais sa vue nous touchait le cœur. Nous y entrâmes pieds nus, en nous frappant la poitrine. J'étais si pénétré de la sainteté du lieu, que d'abord je ne remarquai rien. Après que je me fus prosterné devant le Saint-Sépulcre, où je priai et pleurai bien longuement, dans une douleur mêlée de tant de joie et de tendresse, que jamais je n'ai rien éprouvé de tel, comme je m'en retournais pour chercher un gîte, j'appris que le seigneur Baudouin, qui avait conquis la principauté d'Édesse, était en ce moment à Jérusalem, auprès de Godefroid de Bouillon, son frère. Je sus de quelques-uns de ses chevaliers, qui étaient du Brabant, que très certainement le prince que je cherchais était captif en Arménie. Je fis part de cette nouvelle à mes amis. Il fut décidé que nous partirions avec Baudouin, qui, dans quelques jours, devait reprendre le chemin d'Édesse. Mais, comme on me dit qu'il faudrait une grosse somme pour racheter le comte de Louvain, je confiai toute ma position au roi de Jérusalem, qui me donna généreusement cinquante marcs d'or, et fit promettre à son frère de m'aider du reste, s'il le fallait. Plus tranquille alors, je profitai du peu de temps qui me restait pour visiter les saints lieux de Jérusalem.

Cette ville forme une espèce de carré qui a plus d'une lieue de circuit. Les rues en sont étroites et obscures. Je commençai par aller au mont de Sion. Je me prosternai à l'endroit où furent la tour et le palais de David. C'est à ce même lieu que, dans une chambre qui subsiste encore et qu'on appelle aujourd'hui le cénacle, Notre-Seigneur fit la Cène avec ses apôtres, leur lava les pieds, et institua l'adorable sacrement de son amour.

C'est là encore que descendit le Saint-Esprit.

A peu de distance était la maison dans laquelle l'apôtre saint Jean se retira avec la Sainte Vierge. De cette maison, notre tendre mère à tous, au milieu des apôtres et des disciples merveilleusement rassemblés de tous les points du monde, s'enleva au ciel, où son divin fils lui avait préparé la plus riche couronne.

Je descendis à la piscine Probatique, ouvrage de Salomon. Elle n'a plus rien de miraculeux. Mais autrefois un ange venait à certain temps en troubler l'eau ; après quoi le premier malade qui s'y plongeait en sortait guéri.

On me conduisit, dans une partie assez reculée de la ville, à la maison de Caïphe. J'y vis l'olivier sous lequel était Jésus, lorsqu'il reçut un violent soufflet de la main d'un soldat infâme. Je pleurai amèrement dans la petite salle basse où saint Pierre avait renié son divin maître. Je visitai, dans la maison d'Anne-le-Pontife, le prétoire où Jésus comparut devant le magistrat. J'étais surpris de retrouver aussi aisément toutes ces traces sacrées, dans une ville occupée si longtemps par les Infidèles. Mais on me dit que les Sarasins avaient tout conservé, parce qu'ils en tiraient profit, faisant payer aux pèlerins de gros droits pour entrer dans tous les saints lieux. De plus, beaucoup de chrétiens, depuis l'invasion musulmane, étaient restés à Jérusalem.

Il nous fallut traverser presque toute la ville

pour aller de la maison d'Anne à celle de Pilate. Je vis au-devant un escalier que les fidèles ne montent qu'à genoux, parce que Notre-Seigneur le monta et le descendit au milieu des gardes qui le conduisaient à Pilate. Je vis la colonne à laquelle Notre-Seigneur fut attaché pour la flagellation, et la pierre où on le fit asseoir pour le couronner d'épines. Tout ce que j'avais souffert s'effaça à ce spectacle : car que sont nos peines auprès de tant de douleurs volontairement endurées pour nous par le Fils de Dieu ?

On me montra la terrasse où Pilate fit voir le Seigneur Jésus au peuple, en disant : — *Ecce Homo.* C'est dans cette rue, qu'on appelle *via Dolorum* [1], que le peuple cria : — Qu'il soit crucifié!... Je baisai la pierre où Notre-Seigneur tomba sous le poids de sa croix.

Après avoir gémi sur ces durs souvenirs, que nous oublions trop souvent, j'allai voir la maison de sainte Anne, mère de la Sainte Vierge, et la prison où sont encore les anneaux de fer auxquels saint Pierre fut enchaîné. Je retournai le jour suivant au Saint-Sépulcre.

[1] Le chemin des Douleurs ou la voie Douloureuse.

L'Église est trois fois plus grande que Saint-Géry de Bruxelles ; mais elle n'en a pas la forme, car elle n'a point d'ailes. Elle a été bâtie par sainte Hélène. Elle est presque ronde et soutenue par de gros piliers. Le Calvaire s'y trouve enfermé. On y monte par un escalier de dix-neuf degrés, taillé dans le roc. Je vis le trou de la croix, qui est au lieu même, dit-on, où Adam fut enterré, où Abraham s'apprêta à sacrifier son fils. Je descendis sous le Calvaire, dans le caveau sombre où sainte Hélène trouva la sainte croix de Notre-Seigneur. J'entrai prosterné dans le Saint-Sépulcre, dont la porte n'a pas trois pieds de haut. Les sentiments que j'éprouvai là ne sauraient jamais se décrire.

N'ayant que peu de jours, je me hâtai d'aller visiter les environs de la cité sainte.

A un trait d'arc de Jérusalem est le tombeau de la Sainte Vierge. C'est un grand caveau où son corps n'est pas resté, puisqu'il a été enlevé par les anges. En y allant, par la porte Saint-Étienne, on me fit remarquer un petit rocher plat, sur lequel saint Étienne fut lapidé. Les traces de ses pieds et de ses genoux sont encore imprimées sur la pierre.

J'allai de là à la montagne des Oliviers. Je m'agenouillai dans le lieu qu'on appelle spécialement le jardin des Olives. C'est un carré long irrégulier, planté de dix oliviers énormes, les plus gros qu'on puisse voir. L'ombre de chacun de ces arbres prodigieux peut couvrir plus de cent personnes. Ce sont les mêmes, dit-on, sous lesquels le Sauveur a eu, devant l'aspect de sa passion, la sueur mêlée de sang. C'est sur la montagne des Oliviers que parut l'ange lumineux, lorsque Godefroid de Bouillon donna le dernier assaut à Jérusalem Cet ange portait sur son bouclier blanc trois étoiles flamboyantes ; ce qui fait que depuis peu on nomme le monticule où il se montra à cheval, la montagne des Trois Lumières. Je voulais rapporter quelques feuilles de ces arbres sacrés. Mais on me dit qu'il était défendu d'en ôter une seule, sous peine d'anathème du patriarche.

C'est à la cime de la montagne des Oliviers que Jésus-Christ se trouvait avec ses disciples, le jour de son Ascension. Au milieu d'une chapelle ronde, qui a un dôme ouvert, car on n'a pas voulu couvrir le chemin triomphal de Notre-

Seigneur montant au ciel, je vis sur une pierre très dure l'empreinte de ses deux pieds divins, qu'il me fut permis de baiser.

Je traversai, en revenant, la vallée de Josaphat, qui n'est guère plus large que l'étang de Saint-Nicolas [1]. C'est dans ces sombres lieux, dont la puissance divine saura bien étendre les limites, que les morts doivent se rassembler tous, au jour du jugement dernier. On me fit remarquer, sur une des crêtes qui bordent cette vallée, le sureau vieux, triste et plein de rugosités, auquel l'affreux Judas se pendit.

Le jour d'après, je voulus aller à Bethléem, qui n'est qu'à deux heures de chemin. Je passai devant le térébinthe qui épanouit ses branches, comme un parasol, pour donner de l'ombrage à la Sainte Vierge, lorsqu'elle s'arrêta au pied, avec l'enfant Jésus. Plus loin, on me fit boire de l'eau d'un puits auprès duquel s'étaient reposés les trois rois mages.

Le village de Bethléem a un aspect de deuil. La sainte étable est enfermée dans une église assez grande. Je me mis à genoux en y entrant, et je

---

[1] Aujourd'hui la grande place de Bruxelles.

baisai avec amour une pierre de jaspe, qui marque l'endroit où naquit le Sauveur. J'honorai la sainte crèche qui lui servit de berceau. Puis j'allai à la grotte où veillaient les bergers, quand l'ange leur annonça la naissance du divin Messie.

Je profitai du peu d'instants qui me restaient pour aller à Jéricho. Je vis à une lieue de cette ville, dans une espèce de désert sauvage, la grotte où Notre-Seigneur jeûna quarante jours. On me montra encore les pierres que le démon lui présenta, en lui disant de les changer en pains.

J'allai ensuite au Jourdain, où je me baignai avec joie, moi et mes compagnons, — et j'emportai de l'eau de ce fleuve sacré dans mon bourdon de pèlerin.

Je m'en revins à Jérusalem achever mes dévotions ; et, le surlendemain, le patriarche nous ayant bénis, nous partîmes à la suite de Baudouin et de ses chevaliers, qui s'en retournaient à Édesse. Nous marchions à si grandes journées, que je ne pus rien observer dans ce voyage. D'ailleurs je ne songeais plus qu'à remplir ma mission.

VI

Dès que je fus arrivé à Édesse, où il nous fut confirmé que Godefroid de Louvain était dans les prisons du roi d'Arménie, je cherchai les moyens de passer en ce pays avec mes quatre concitoyens. Le bon prince Baudouin nous offrit quelques-uns de ses chevaliers pour nous protéger. Je crus avoir trouvé une sauvegarde plus sûre. Qu'auraient fait dix hommes contre une bande d'infidèles ? Moi et mes amis nous nous déguisâmes en marchands et nous nous mîmes en route. En posant le pied sur les terres d'Arménie, je me hâtai d'annoncer que nous étions adressés au Roi, à qui nous portions des étoffes. On nous respecta aussitôt, comme je m'y étais attendu, et nous arrivâmes sans encombre devant le souverain.

C'était un prince qui paraissait calme et sérieux. Dès que je fus introduit en sa présence, j'étalai mes pierreries et des tissus de l'Occident, que j'avais achetés à Jérusalem. Je les lui offris pour la rançon de Godefroid de Louvain, disant que j'étais parent du captif, sans déclarer qu'il fût prince. Mais le Roi le savait. Il me répondit qu'il mettait à un plus haut prix la liberté du vaillant chevalier qu'il avait dans ses prisons. Il me permit de le voir pour me concerter avec lui.

Le comte de Louvain était gardé dans une tour écartée du palais. Il versa d'abondantes larmes en me voyant, et en apprenant la cause et les détails de mon pèlerinage. J'avais eu d'abord un peu de peine à le reconnaître, à cause qu'il avait fait vœu, en tombant dans les mains des Infidèles, de ne couper sa barbe qu'après son retour dans son pays. C'est cette circonstance qui lui a valu, chez nous, le surnom de *Barbu*. Il m'apprit qu'il avait été fait prisonnier, à l'issue de la cruelle bataille où le brave et malheureux chevalier Gauthier-sans-Avoir avait péri ; qu'on l'avait relevé à demi mort, en voyant à son armure qu'il était riche seigneur, et qu'on l'avait emmené en Arménie, d'où il n'avait pu jamais donner de ses nouvelles.

Quand je lui annonçai la mort de son frère, qu'il ignorait, il s'affligea de nouveau avec amertume, et il me donna, pour Baudouin d'Édesse, une lettre qui réclamait son assistance.

Il me fallut donc retourner à Édesse ; je me remis en chemin, portant une charte de sûreté du prince arménien, qui exigeait, outre ce que j'avais offert, une somme de cent marcs d'or. Baudouin n'hésita pas. La somme me fut comptée ; et, quoique la saison des pluies fût venue, je repris avec joie la route de l'Arménie. J'eus le bonheur enfin de voir tomber devant moi les fers qui retenaient mon seigneur. Je me mis à genoux devant lui, et, le premier de tous ses vassaux, je lui fis hommage.

Nous nous embarquâmes peu après, ayant rejoint ceux de nos compatriotes qui attendaient les résultats de mes démarches, et plusieurs croisés du Brabant qui eussent pu revenir quelques mois plus tôt, mais qui avaient voulu faire l'escorte de leur prince à son retour.

Notre navigation fut pénible. Nous arrivâmes en hiver, après bien des travaux et par un froid rigoureux, au port de Gand. On ne nous attendait plus ; et cependant la régente de Brabant, comme si son cœur de mère nous eût devinés, annonçait depuis quelques jours le retour de son fils, lorsque le 19 janvier de l'an 1100 nous revîmes notre chère Bruxelles.

Notre arrivée fut une fête publique ; et les fidèles épouses des Croisés les reçurent si tendrement, qu'il fut décidé que, tous les ans, à pareil jour, il y aurait fête à Bruxelles, en l'honneur des femmes.

Je devins, peu de temps après, l'époux de ma chère Alix ; et ce fut pour me récompenser de mon heureux voyage que monseigneur Godefroid-le-Barbu, aujourd'hui comte de Brabant et duc de la Lotharingie-Inférieure, me donna la dignité de burgrave ou vicomte de Bruxelles, châtelain du Borgendael.

LÉGENDE DU SIRE DE CRÉQUY

Le roi Louis-le-Jeune, à la voix de saint Bernard, ayant pris la croix en 1147, nul homme de

Le sire de Créquy.

cœur ne se crut dispensé d'accourir sous sa bannière. Ducs et comtes, barons et chevaliers, tous les jeunes seigneurs marchèrent avec leurs vassaux; et une armée de quatre-vingt mille hommes se mit en mouvement pour la Terre-Sainte [1].

Parmi les preux qui se croisèrent alors, « se vouant à défendre le tombeau de Jésus-Christ, » on remarquait à sa bonne mine, à son air martial, à son illustre nom, à sa noble origine, le sire Raoul de Créquy. Gérard, son père, comte de Ternoy, vivait encore. Il avait brillé lui-même dans les rangs héroïques des compagnons de Godefroid de Bouillon, et il se réjouissait noblement du vœu de son fils Raoul.

En cette même année, — et depuis peu de mois, — Raoul de Créquy avait épousé une noble dame, douce et belle, du pays de Bretagne. Elle était enceinte, quand son baron, comme dit la vieille romance, se fit enrôler sans son consente-

[1] Tirée des vieilles chroniques, des ballades populaires et de la romance du sire de Créquy, œuvre de poésie d'un moine picard du treizième siècle, maladroitement rajeunie au dix-huitième siècle, mais dont M. Lebrun de Charmettes a donné une bonne version en prose. Ce récit s'appuie encore sur une tradition non interrompue, et assez accréditée pour mériter une certaine confiance.

ment, ce qui était *contre l'usage et la coutume*. Elle en fut si désolée, que rien ne pouvait raffermir son cœur en deuil. Le bon et courtois chevalier faisait de son mieux pour la réconforter par de douces et loyales paroles, la priant de consentir à l'accomplissement de sa sainte promesse. Le vieux sire disait à la dame, en l'exhortant de son côté : — Moi aussi, en mon jeune temps, j'ai été outre mer. Je m'étais semblablement croisé sans l'aveu de mon père, et ma bonne mère s'en troublait fort. Cependant l'un et l'autre furent joyeux quand je revins avec honneur. Certes, dame! votre baron ne peut voir son roi entreprendre tel pèlerinage et ne pas aller avec lui batailler pour la foi. N'a-t-il pas trente ans ? C'est pour tout gentilhomme l'âge des grandes choses, et s'il restait en son manoir, il n'y amasserait que honte et mépris.

La pieuse dame à la fin, cédant à l'honneur et au devoir, fit taire la révolte de son cœur et agréa le départ de son mari. Il emmenait Roger et Godefroid, les deux plus braves de ses trois frères ; et ving-sept écuyers le suivaient.

Le moment de la pénible séparation arriva bientôt. La dame ne put se tenir de pleurer très amèrement, quand Raoul, ému, lui jura pour la dernière fois constance et féauté. Il lui ôta du doigt l'anneau nuptial qu'elle avait reçu avec tant de joie, le rompit en deux parts, lui en laissa l'une et prit l'autre :

— Cette moitié de l'anneau qui fut béni pour notre sainte union, dit-il, je la garderai toujours en époux loyal et fidèle ; et quand je reviendrai de mon pèlerinage, je vous rapporterai ce cher gage de notre foi.

Il tenait la dame par la main. La conduisant tremblante à son vieux père, il le conjura de la chérir toujours comme sa fille bien-aimée. Le vieux comte le promit et il embrassa la dame en pleurant. Alors le chevalier s'agenouillant devant lui :

— Cher sire, mon père, dit-il, pour que mes jours loin de vous soient heureux, bénissez-moi ; et que vos vœux et vos prières m'accompagnent en ce saint voyage.

Le vieillard étendit les mains sur son fils, et levant les yeux au ciel, il dit :

— Seigneur tout-puissant, bénissez mon cher

fils en cette guerre qu'il entreprend pour votre nom! Et vous, Vierge très bonne, notre dame et souveraine, soyez son réconfort; protégez-le aux jours du péril, et le ramenez sans tache et sans reproche en sa terre natale !

Le vieillard bénit pareillement avec grande affection ses deux autres fils, et il les embrassa, ainsi que tous les chevaliers qui partaient à leur suite.

Le sire de Créquy et ses compagnons s'élancèrent donc sur leurs palefrois ardents, au son des clairons et des trompettes ; la noble troupe se mit en marche, précédée d'un héraut qui portait la bannière de la croix. Ils chevauchèrent tant qu'ils rejoignirent l'armée, laquelle, étant partie en avant, avait déjà fait quelque chemin. Jamais, disent les ballades, on n'avait vu si belle armée, si gentille noblesse, si vaillantes troupes. Il faudrait un livre bien grand pour rappeler tous les hauts faits qu'ils allaient accomplir ; mais nous ne contons ici que l'histoire de Raoul de Créquy.

Il avait laissé en tristesse profonde sa femme et son père, et dans ces temps-là on n'avait pas, comme de nos jours, l'allégement des fréquentes nouvelles. Toutefois le temps suivait son cours, et l'heure vint où la dame de Créquy donna le jour à un fils plein de gentillesse, dont la vue consola son cœur. Le vieux comte en eut tant de joie, et sa liesse fut si vive, qu'il reprit un front serein. Il se hâta d'envoyer au chevalier un message qui le joignit heureusement chez les Pamphiliens, au port de Satalie, où il venait de relâcher. Raoul de Créquy, apprenant qu'il était père d'un fils et que l'enfant et sa mère étaient en santé, fit grande fête avec ses amis. Mais son allégresse, hélas ! ne devait pas durer longtemps.

Une rencontre eut lieu peu après entre les soldats de la croix et les Sarasins. Raoul menait sa bannière en avant de l'armée. Son ardeur l'emporta ; il s'engagea dans un passage étroit, suivi seulement de deux petites troupes que commandaient le sire de Breteuil et le sire de Varennes. Les trois pelotons ensemble de ces nobles chefs ne formaient en tout qu'une centaine de lances. Les Sarasins, maîtres en grand nombre du sommet de la montagne, gardaient ce passage périlleux. Ils décochaient une grêle de flèches sur les chrétiens, qui, à grands coups d'épée, forçaient pas à pas le défilé. Roger et Godefroid, les deux frères de Raoul, avaient succombé au premier rang, avec vingt de leurs hommes d'armes, et les chrétiens ne reculaient pas. Quoiqu'ils vissent qu'à chaque fois qu'ils repoussaient les mécréants, leur nombre se doublait aussitôt, ils avançaient. Là furent tués les sires de Breteuil, de Varennes, de Montgay. Les sires de Maumey, de Brimeu, de Bauraing, d'Esseilke, de Mesgrigny, de Sembey, de Suresnes, restèrent parmi les morts. Des écuyers et des pages qui n'avaient pas encore de barbe au menton furent couchés dans la poussière.

Le sire de Créquy, en homme de grand et haut courage, ne voulut jamais céder, combattant toujours et invoquant toujours Notre-Dame. Navré de blessures, il fut à la fin renversé.

Quand les sept chevaliers qui restaient seuls avec lui ne le virent plus debout, ils rebroussèrent chemin et regagnèrent l'armée, où ils portèrent la sombre nouvelle de cette défaite. — Alors les infidèles, possesseurs du champ de bataille, dépouillèrent à la hâte les corps des chrétiens. Ils vinrent au sire de Créquy, gisant parmi les autres morts, mais non encore éteint. Il s'agita aussitôt.

— Celui-là est vivant, cria l'archer qui le tenait ; ne l'achevons pas. Il est le chef de la troupe et sera très cher racheté.

On l'enveloppa dans un manteau ; on l'emporta au camp, où l'on visita ses blessures ; et, quoiqu'elles parussent mortelles, on mit dessus des onguents et on les banda.

Epuisé par la perte de son sang, le chevalier resta long-temps comme inanimé. Sa jeunesse et sa force prirent pourtant le dessus ; il revint à la vie.

Mais, en songeant qu'il était esclave des Sarasins, il calcula avec épouvante les grandes misères qu'il allait endurer, bien que le partage du butin l'eût fait tomber en la puissance d'un maître qui lui montrait de la bienveillance. Le Sarasin lui donna sa main à baiser. Raoul comprit que cette faveur pouvait adoucir son sort ; et, se mettant à genoux, il fit entendre par signes qu'on lui avait enlevé, en le dépouillant, un petit reliquaire enfermé dans une bourse avec la moitié d'un anneau, et que ce trésor lui était aussi cher que la vie. Par compassion pour sa détresse, son maître ordonna que ces objets lui fussent rendus.

Dès qu'il fut à moitié guéri, profitant de l'offre qui lui était faite de se racheter moyennant deux cents besants d'or [1], Raoul dépêcha un messager au camp des Français. Ce messager, par malheur, tomba au milieu des chrétiens, dans un moment où ils faisaient un grand carnage des infidèles ; et il fut massacré avec eux. Les Sarasins, chaudement repoussés dans cette rencontre, reculèrent même en désordre jusqu'au lieu où gémissait le prisonnier, qui, sans doute, dut espérer un moment que les chrétiens vainqueurs allaient venir rompre ses fers. Mais son maître n'attendit pas les soldats de la croix ; il s'enfuit avec sa famille et ses esclaves ; et dans sa terreur il entraîna le pauvre chevalier jusqu'au fond de la Syrie.

A mesure qu'il s'éloignait davantage de l'armée française, le sire de Créquy trouvait sa servitude plus pesante et son sort plus affreux. Il écrivit

---

[1] Cette monnaie était nommée besan ou besant, par corruption de Byzance, où, dans l'origine, elle avait eu cours, du temps des empereurs. On croit que le besant d'or valait environ cinquante francs.

plusieurs lettres. Aucune ne parvint au camp du roi, ni en France. Toute l'armée au contraire le croyait mort ; et les premiers messagers qui furent expédiés en Europe portèrent à son manoir la nouvelle de son trépas. Sa dame, en l'apprenant, tomba pâmée. « Jamais depuis ce moment, dit la ballade, son vieux père ne jouit d'une heure de santé. Le chagrin le conduisit rapidement au cercueil. La dame de Créquy eût bien voulu mourir avec lui, si elle n'eût été nécessaire à l'enfant dont elle déplorait nuit et jour le malheur. Raoul avait laissé en France Baudouin, son plus jeune frère, qui voulait hériter de ses châtellenies et en dépouiller l'enfant, pour être à sa place seigneur de Créquy et des autres lieux. Le père de la dame était un seigneur puissant. Mais, demeurant en Bretagne, il se trouvait trop éloigné d'elle pour venir la protéger avec ses hommes. La voyant sans défense, il lui conseillait de prendre pour second mari le sire de Renty, noble seigneur, qui, touché de sa sagesse, de ses douces vertus et de sa bonne grâce, cherchait à l'avoir pour femme. Elle se refusait, malgré ses peines et ses tourments, à célébrer de secondes noces, pleurant toujours son baron et se berçant encore quelquefois de l'espoir qu'elle le reverrait. »

Plusieurs années passèrent ainsi, longues et amères pour la dame, dures et affreuses pour le chevalier. Son maître, à qui il promettait toujours qu'on le rachèterait, le faisait en attendant servir et travailler. Sa fonction consistait à garder les brebis, sous les ordres d'un premier berger qui avait l'intendance de tous les troupeaux. Tous les jours, au milieu des champs, il priait, demandant à Dieu et à Notre-Dame de mettre un terme à ses maux, mais supportant avec résignation la douleur de ne recevoir réponse à aucune de ses lettres.

Sept années d'esclavage avaient pesé sur sa tête, quand le bon maître qu'il avait vint à mourir. Il fut mené au marché, exposé et vendu. On le paya cher, à cause de sa haute taille, et parce qu'on disait: C'est un noble seigneur qui sera racheté à grand prix. Pour surcroît d'infortunes, il échut à un maître dur, qui exécrait les chrétiens, et qui lui fit subir dès les premiers jours toutes sortes de mauvais traitements.

— Tu vois bien que ta nation t'a abandonné,

disait-il ; renie ta foi, invoque notre prophète, et je te donnerai des champs, de l'argent et une femme.

Le sire de Créquy eût mieux aimé mourir, que renoncer de la sorte à son salut et oublier sa dame.

Espérant le dompter, son maître l'enferma dans une vieille tour, le chargea de chaînes, et lui infligea des tortures diverses. Cette tour délabrée n'avait pas de toit. Le soleil y dardait, toute la journée, ses rayons enflammés, excepté sur les dernières marches des montées. C'était là que Raoul se réfugiait, lorsqu'on le laissait quelques moments en repos. Il avait des entraves aux pieds et aux mains ; et il était attaché au mur pas une longue chaîne, ne recevant chaque matin pour nourriture qu'une écuelle de riz, un morceau de pain noir et une jatte d'eau.

Son maître venait souvent l'appeler, pour le presser de renier sa religion ; et, sur son refus persévérant, il le faisait battre d'une longue gaule, usqu'à ce que le sang ruisselât par tout son corps. Il fut martyrisé de la sorte pendant trois ans, sans que jamais les tourments fissent fléchir sa foi.

Après dix années de captivité, n'osant plus compter sur la délivrance, il ne souhaitait que la mort. Et cependant, lorsqu'un jour son maître lui vint dire : Puisque tu demeures chrétien et qu'on ne te rachète pas, demain, sans autre délai, je te ferai étrangler, — il n'éprouva pas seule la joie que lui causait le terme désiré de ses peines ; un autre sentiment s'éleva dans son triste cœur et fit venir à ses yeux de grosses larmes. Il songea qu'il ne reverrait plus sa femme si aimée, et qu'il n'avait jamais encore embrassé son cher enfant. Néanmoins, en chrétien soumis, il fit humblement sa prière du soir, étouffa ses sanglots, recommanda son âme à Dieu, et supplia Notre-Dame, s'il ne devait plus presser sur son cœur les êtres qui lui étaient chers, de les protéger et de les bénir. Il invoqua pour son fils orphelin le patronage du bon saint Nicolas, qui veille sur les enfants chrétiens. Et, se remettant, — pour la vie ou la mort, entre les mains de la sainte Vierge, il céda à sa lassitude, s'étendit par terre et s'endormit.

Dans son sommeil, il lui sembla qu'une dame

inconnue, mais dont il avait vu les traits sculptés dans la chapelle de Créquy, se penchait doucement sur lui et faisait tomber ses entraves et ses chaînes. La secousse que lui causait un tel bonheur l'éveilla. Il vit en effet ses chaînes rompues à ses pieds. D'abord, croyant rêver encore, il se frotta les yeux ; ses mains n'étaient plus attachées ; ses pieds étaient libres ; il se leva et marcha pour s'en assurer.

Le soleil brillait sur son front et ne le brûlait pas....

Il regarda autour de lui, et, allant de surprise en surprise, il reconnut qu'il se trouvait dans un bois....

Dès qu'il put rasseoir ses sens, son premier mouvement fut de tomber à genoux pour remercier Dieu et Notre-Dame du bien-être tout nouveau qu'il éprouvait.

Le sentiment de ce bien-être était si vif, et ses poumons se dilataient dans un air qui leur était si convenable, que le sire de Créquy se demanda un instant si on ne l'avait pas peut-être étranglé durant son sommeil, et s'il n'était point en paradis?

Mais les oiseaux qui chantaient, les arbres qui frémissaient au vent, les insectes qui bourdonnaient dans l'herbe, tout lui représenta bientôt qu'il était encore sur la terre. Toutefois, il foulait un sol plus doux ; et il était libre. Libre ! une main bénie l'avait donc délivré ? Mais encore, était-il loin de son maître ? Etait-il hors de sa portée ? Où se trouvait-il ? Comment sortir de ce bois ? Comment retourner en Europe ?

Mille craintes inquiètes se dressaient devant lui, lorsque au bout d'un sentier il aperçut un bûcheron qui coupait du bois. Il courut à lui. Le bûcheron n'eut pas plus tôt jeté les yeux sur Raoul, que, le prenant pour un spectre, et saisi d'épouvante, il s'enfuit à toutes jambes.

Le pauvre chevalier n'avait pas prévu l'effet qu'il devait produire. Maigre, décharné, brûlé par le soleil de l'Afrique, n'ayant pour vêtement qu'un mauvais sayon sans manches, étroit, et qui ne lui descendait pas même jusqu'aux genoux, avec la barbe longue, la tête rasée, la peau noire, il avait plutôt l'air effectivement d'un fantôme que d'un homme.

Il atteignit néanmoins le bûcheron effrayé ; il

lui demanda, en langage de Syrie, quel chemin il devait prendre ? Le bonhomme, l'entendant parler, ce qu'il ne croyait pas permis aux spectres, sentit sa peur changer de nature, et pensa que la grande main qui l'avait empoigné pouvait bien appartenir à un sauvage, ou à quelqu'un de ces esclaves maures que les croisés ramenaient aussi de la Palestine ; et il répondit en français :

— Je ne comprends pas ce que vous dites.

En ce moment Raoul de Créquy éprouva la même sensation que les trois chevaliers d'Eppe, lorsqu'ils se retrouvèrent dans leurs pays, sans savoir comment ils avaient fait leur route.

— Mon brave homme, dit-il en français et palpitant à chaque syllabe, si je ne rêve pas, tirez-moi de peine. Dites-moi en quel lieu je suis. Je me trouve perdu en cette contrée et je n'y connais personne.

— On appelle ce bois la forêt de Créquy, dit le bûcheron. Elle est sur les marches de Flandre. Mais vous qui m'interrogez, pauvre homme si défait, vous étiez captif sans doute en quelque navire, que la tempête aura naufragé sur les côtes voisines ?...

Le chevalier, au lieu de répondre, était tombé la face contre terre; et, étendant les bras en croix, il s'écriait :

— O Dieu tout-puissant ! ô Vierge très-sainte ! notre dame et notre grand appui, notre reine et notre mère, par quel miracle avez-vous fini ma détresse ?...

Il se releva ensuite, et dit au bûcheron, dont il voyait le cœur rempli de compassion :

— Le vieux sire Gérard est-il encore en vie ? La dame de céans et son fils et le jeune frère du sire de Créquy sont-ils vivants et en santé ?

— Ah ! Jésus ! vous les connaissez, nos châtelains ! dit le bonhomme. Il y a longues années que le vieux sire est trépassé dans la douleur, pleurant la mort de ses trois fils aînés. Le Seigneur Baudouin, qui est le plus jeune, demeurant seul, a voulu s'emparer depuis de l'héritage. Il a fait pour cela de grandes peines à la dame de Créquy ; le père de la noble dame est vivant encore. Il est venu exprès, de son lointain pays de Bretagne, pour la faire consentir à un nouveau mariage, qui conserverait l'héritage de l'enfant. Car le sire de Renty a promis de le bien garder, comme parent et autrefois ami de notre défunt seigneur, à qui Dieu fasse paix ! Il est puissant en vassaux et en terres, et la dame ne pouvait mieux choisir. Elle a refusé, néanmoins, jusqu'à ces temps-ci, toute alliance, même celle-là. Il n'y a que peu de jours qu'on l'a pu décider, dans les intérêts de son fils ; et c'est aujourd'hui même qu'on va la marier, à l'heure de sexte. Il y aura au château grande et longue fête ; on y fera largesse, — et, assurément, pauvre homme, vous y recevrez une honnête aumône....

Le chevalier ne disait plus rien. Il suivait le bûcheron, dans la compagnie duquel il arriva bientôt aux abords de son château, qu'il reconnut avec transport. Tout y respirait la joie.

Les guetteurs qui gardaient les tours du pont, voyant le pèlerin dans son état sauvage, l'empêchèrent d'entrer.

— Que demandes-tu céans ? lui dirent-ils. D'où viens-tu avec cet air misérable ? Es-tu quelque matelot échappé d'esclavage ?

— Je suis un pèlerin revenu d'outre-mer, répondit le chevalier, et, pour affaire très pressante; il faut que je parle sur-le-champ à la dame de Créquy.

— Un homme en tel désarroi ne saurait entrer au château, dirent les guetteurs ; et personne ne peut parler aujourd'hui à la dame de céans. On la pare à l'heure qu'il est pour son mariage, qui va se célébrer ce matin au prochain monastère. Attendez-la, si vous voulez, à son passage.

Le chevalier attendit en silence ; et, peu de temps après, la dame de Créquy, richement parée, assise sur la haquenée d'honneur, conduite par le sire de Renty, son fiancé, et suivie de tous ses parents, à la tête desquels était son père, arrivé depuis peu pour la cérémonie, descendit sur le pont, allant au monastère prochain, où tout était disposé pour la célébration de son mariage. On voyait une teinte profonde de tristesse dans ses yeux, qui avaient beaucoup pleuré ; et, aux fréquents regards qu'elle jetait sur son jeune fils, on jugeait que l'amour maternel avait seul décidé la démarche qu'elle allait accomplir.

Raoul, maîtrisant son attendrissement, arrêta la dame sur le pont.

— Je viens, noble dame, des pays d'outre-mer, dit-il. Je vous apporte des nouvelles du sire de Créquy, retenu depuis dix ans dans un très-dur esclavage...

La dame, à ces paroles, mit pied à terre, tant fut grande son émotion. Mais bien vite, remettant ses esprits et considérant le pauvre homme qui lui parlait, elle dit :

— Votre rapport, hélas! n'est pas véritable. Mon baron est tombé mort, avec ses frères et ses écuyers, en conduisant sa bannière à l'honneur. Tous ceux qui l'avaient suivi périrent, excepté sept, qui s'échappèrent par la fuite.

— Raoul de Créquy ne périt point alors, noble dame, car il est devant vos yeux.

Un grand mouvement se fit à ces paroles, dans la foule des assistants.

— Regardez-moi, reprit le chevalier. Malgré tant de misère, et dans un tel dénûment, reconnaissez votre époux, qui autrefois vous fut si cher.

— Je ne le puis croire, s'écria la dame d'une voix étouffée, à moins que vous ne me donniez des marques. Si vous êtes mon mari, que fîtes-vous en me quittant pour le saint voyage?

— Je rompis en deux votre anneau nuptial; je vous en laissai la moitié, et j'emportai l'autre part. Dame! le voici, ce gage de notre foi...

Le chevalier avait tiré de la bourse, où il reposait à côté du petit reliquaire, le fragment de l'anneau. En le reconnaissant, la dame s'écria:

— Vous êtes mon cher époux! Vous êtes mon baron tant aimé!

Disant ces paroles, elle s'était jetée avec transport dans les bras du pauvre chevalier, et demeurait suffoquée par la joie, la surprise et la compassion.

Le sire de Renty, parent et jadis ami de Raoul, voulait douter encore d'une vérité qui rendait impossible son mariage si longtemps désiré. Il y avait lutte dans son cœur entre la loyauté et l'intérêt.

— C'est la haute taille de Créquy, murmurait-il; mais je ne reconnais plus son visage.

Le père de la dame voyait mieux, et il disait:

— Je me rappelle tous ses traits; je les retrouve, quoique les peines l'aient bien changé. Quand nous l'aurons lavé et vêtu, je crois que tous le reconnaîtront...

L'enfant, qui avait dix ans, s'était approché aussi. C'était un noble cœur. Il se sentait tout bouleversé à la pensée qu'il pouvait retrouver son père. La dame alors, reprenant quelque peu ses esprits, sentit dans sa main la main brûlante de son jeune fils : et elle lui dit :

— Voyez, mon fils : voici enfin votre seigneur et père. Venez le saluer à deux genoux.

Le chevalier ne laisssa pas au charmant enfant le temps de s'agenouiller ; il le prit dans ses bras et le pressa sur son cœur, versant sur lui les plus douces larmes qu'il eût jamais répandues.

Le bel enfant, sans être effarouché de la mine étrange de son père, de ses haillons, de sa tête rasée et de ses traits flétris, lui prodiguait avec effusion les plus tendres caresses et lui disait :— C'est pour vous que ma chère dame, ma mère, pleurait sans relâche, répétant toujours : Nous avons tout perdu, mon fils, en perdant votre père!

Les dames et les chevaliers qui entouraient cette grande scène voulaient tous voir Raoul et lui parler. On fit avertir l'abbé du monastère, qui se hâta d'accourir. On rentra au château, où le chevalier fut lavé et habillé convenablement à son rang. On couvrit d'une toque sa tête rasée, et il ne parut plus si sauvage. — Comme il disait que ses chaînes étaient restées dans le bois où il s'était réveillé, on alla à leur recherche ; et toute l'assemblée voulut, en ce lieu même, rendre grâces à Dieu et à Notre-Dame. Après quoi, le banquet des noces étant tout prêt, chacun se mit à table ; et l'on but à la santé de Raoul, qui dut raconter longuement tout ce qu'il avait souffert et comment il avait été délivré de l'esclavage et de la mort.

Il avait fait prévenir son frère Baudouin, qui vint au festin et à qui il pardonna en loyal cœur chrétien tout ce qu'il avait fait durant sa captivité pour enlever l'héritage de l'enfant. La fête fut longue au château de Créquy ; petits et grands y venaient pour voir le chevalier, et tous étaient bien reçus. Il vécut plus de vingt ans encore avec sa dame fidèle, bâtit un monastère au lieu de son arrivée miraculeuse; et fit de grandes largesses, partout aux environs, à toute chapelle de Notre-Dame.

APPENDICE

Ce retour miraculeux a dû rappeler quelques circonstances de la légende de Notre-Dame-de-Liesse et des trois chevaliers de Saint-Jean. L'époque des croisades offre plusieurs faits analogues. Quatre croisés de l'Orléanais revirent, dit-on, leur patrie par un prodige semblable. Ces récits peuvent bien n'être pas tous authentiques ; et une histoire vraie peut avoir produit des calques. Nous avons donné la légende du sire de Créquy, parce qu'elle repose sur de graves monuments et sur une tradition qui a toujours été maintenue dans la grande et noble famille du héros. On vous racontera en Bretagne une aventure plus merveilleuse encore : c'est la naïve légende du bon sire de Garo. Ce seigneur, au temps des croisades, s'en fut, comme tout le monde, en Palestine, pour combattre les infidèles ; il y arriva, en songeant qu'il était bien loin de son manoir. Il se battit : il était parti pour cela. S'étant un jour avancé du côté de Bethléem, il eut le malheur de tomber entre les mains des Sarasins, qui l'enfermèrent dans un grand coffre de bois, lui et son écuyer, en lui disant : — Chien, recommande maintenant ton âme à Dieu, et demande-lui de te retirer de là ; — puis ils clouèrent le coffre, et se disposèrent à le mettre en terre comme un cercueil. L'écuyer, à l'idée de cette mort horrible, se prit à pleurer en grand désespoir. Le sire de Garo priait et remettait humblement son âme à Dieu. Mais venant à songer à son cher manoir de Bretagne, à son excellente femme, à ses petits enfants, il supplia pourtant la sainte Vierge Marie de ne pas permettre qu'on l'arrachât, par un si déplorable trépas, aux chers objets de sa tendresse ; promettant d'un cœur sincère, s'il lui était, hélas ! donné de les revoir, n'importe comment, de bâtir une belle chapelle sous le nom de Notre-Dame-de-Bethléem. A peine eut-il formé ce vœu, dit la légende, que le maître et l'écuyer sentirent une commotion. L'écuyer se reprit à pleurer plus fort en disant : — On nous emporte, mon maître ; c'est fait de nous. — Il leur sembla qu'on les emportait de la sorte pendant un assez long temps ; après quoi il leur sembla qu'ils étaient arrêtés. Alors l'écuyer, prêtant l'oreille, s'écria tout à coup : — Si je ne me trompe, monseigneur, je viens d'entendre chanter le coq de Garo !... — A ces mots, le sire de Garo bénissant le Ciel : Grâces vous soient rendues, mon Dieu, mon père, mon sauveur ! s'écria-t-il, et à vous, Vierge sainte de Bethléem, car vous avez entendu notre prière, et vous nous avez transportés sans doute en notre terre ! Au même moment, des serviteurs, qui sortaient du manoir à la pointe du jour, apercevant un vaste coffre dans l'avenue et s'étant empressés de l'ouvrir, y trouvèrent, à leur grande surprise, leur seigneur et son écuyer... — M. E. de C., qui rapportait cette légende dans *l'Univers*, il y a quelques années, ajoutait : — « Il serait difficile de rendre le charme de cette simple histoire, racontée sur les lieux mêmes, avec cette touchante conviction qui entraîne et embarrasse le scepticisme. S'il nous était resté quelques doutes d'ailleurs, ils auraient dû se dissiper à la vue de la chapelle gothique qui porte encore, au bout de sept cents ans, le nom de Bethléem. Cette chapelle, sur laquelle est empreint le cachet de l'époque des croisades, conserve sur ses vitraux les armoiries du sire de Garo, dont un vieux panneau tout noirci par le temps retrace l'histoire. On y voit le pieux chevalier à genoux dans le coffre fatal et les mains jointes. Bien que ses traits soient ébauchés grossièrement, il est impossible de ne pas être pénétré de l'expression de bonheur qui brille sur sa figure. Ses yeux sont levés vers le ciel : on voit qu'il y a pour lui plus encore que la joie de se retrouver vivant dans son cher domaine, le ravissement intime d'avoir été protégé d'une manière si immédiate par la douce Vierge de Bethléem. L'écuyer est absorbé par une satisfaction plus humaine ; il ne peut en croire ses yeux. L'émotion, la surprise, l'enchantement, le mettent hors de lui. A gauche on remarque un groupe de paysans rassemblés dans l'avenue, et, sur le devant, un homme endormi, tenant sur ses genoux une sorte d'oiseau qu'avec un peu de bonne volonté on peut reconnaître pour le coq de Garo. Du côté droit, par une de ces licences de peintre dont on ne se faisait pas faute au moyen-âge, se laissent voir les Turcs et les Maures, stupéfaits du prodige. Enfin dans le ciel on aperçoit, portée sur les nuages, la sainte Vierge qui suit des yeux avec complaisance ses protégés. — A un quart de lieue de la chapelle, en s'enfonçant dans les terres au milieu d'un pays aujourd'hui sauvage et abandonné, on rencontre sous le lierre les débris de quelques tourelles, et une vieille porte sculptée dont chaque jour le temps fait tomber quelque morceau. Ce sont les derniers restes du manoir qu'eut tant de joie à retrouver le pauvre sire de Garo. — Maintenant, qui nous dira si le vitrail, quelque peu énigmatique, qui est la base de la légende, est bien compris par ceux qui en appuient leur récit? Mais il reste toujours un fait, c'est que, très certainement, le héros de l'histoire dut, comme tant d'autres, son salut à l'intervention de Notre-Dame. »

LÉGENDE DE GILION DE TRAZEGNIES[1]

> Si on néglige les traditions populaires dans ces époques d'ignorance, l'histoire ne se composera que de nomenclatures, qui ne sont pas plus certaines que les légendes.
> MUSAEUS.

Parmi les chevaliers du Hainaut qui accompagnèrent le roi de France Louis-le-Jeune et le bon comte Thierry d'Alsace, quand saint Bernard eut

[1] La bibliothèque d'Iéna possède un manuscrit intitulé *Histoire de Gilion de Trasignyes et de dame Marie sa femme*. C'est cette histoire

prêché la seconde croisade, on remarquait Gilles
ou Gilion de Trazégnies, noble et puissant seigneur qui avait pris la croix par suite d'un vœu
intéressé.

Gilion, grand et beau, robuste et fort merveilleusement, était un preux renommé à la cour de
Hainaut et à la cour de France. Il avait épousé la
belle princesse Marie, fille du comte d'Ostrevant ;
et jamais, disent les vieux récits, on ne vit plus
beau et plus illustre couple. Jamais aussi on
n'en vit de plus heureux, du moins pendant la
première année de leur union.

Mais deux ans s'étant écoulés sans que Marie
eût l'espoir de devenir mère, un nuage triste vint
troubler la joie de Gilion. Comme il était en son
château de Trazégnies, tout dolent et pensif à ce
sujet, il entra dans sa chapelle; et priant avec
grande ardeur, il fit vœu de se croiser et de faire
le pèlerinage armé de Jérusalem, aussitôt que sa
chère Marie donnerait les premiers signes qui lui
promettraient d'être père.

que nous donnons en abrégé. L'auteur l'a écrite pour Philippe-le-Bon.
MM. C. P. Serrure et A. Voisin en ont publié l'introduction et le dernier
chapitre, à la suite de leur curieuse édition du *Livre de Baudoyn*, imprimée à Bruxelles il y a une quinzaine d'années.

Trois mois après, Marie s'étant reconnue enceinte, il lui apprit son vœu : nonobstant les larmes qui coulèrent avec abondance, il se disposa à l'accomplir. Il se rendit à la cour de Hainaut, vendit au Comte sa ville d'Ath, pour se procurer de suffisantes ressources, équipa une troupe convenable à sa dignité, et s'arrachant aux tendres embrassements de sa chère épouse désolée, il partit, promettant de faire diligence et d'être de retour pour la naissance de son enfant.

Quoiqu'il se mît en marche en même temps que Thierry d'Alsace, il paraît qu'il ne suivit pas la même route, car il alla d'abord à Rome. De là, s'étant embarqué, il parvint heureusement au port de Jaffa, d'où il se rendit sans mésaventure à Jérusalem. Après avoir adoré dans les saints lieux, visité pieusement le sépulcre du Sauveur, et donné quelques bons coups de lance dans les batailles qui se livraient là tous les jours, il crut son vœu rempli ; et laissant au roi de Jérusalem ses meilleurs hommes d'armes, il reprit avec une petite escorte la route de Jaffa, pressé de revoir sa chère Marie.

Mais, en un lieu sauvage qu'il lui fallut traver-

Gilion prisonnier.

ser, son chemin fut coupé par un parti de Sarasins contre lesquels il ne put éviter de se mesurer. Après une longue défense, couvert de blessures et demeuré seul sur le champ de bataille, il fut pris et emmené au Caire, où le Soudan le fit jeter dans un cachot.

Pendant qu'il se guérissait lentement, la dame de Trazégnies accouchait de deux beaux garçons jumeaux, dont l'un fut appelé Jean et l'autre Gérard.

Gilion, dans sa douleur, ne se consolait qu'en priant Notre-Seigneur et Notre-Dame, en qui il avait espoir.

Lorsqu'il fut guéri, le Soudan lui fit dire qu'il devait embrasser la religion de Mahomet, ou se préparer à mourir. Le chevalier répondit qu'il ne serait jamais renégat. Le tyran égyptien envoya donc trois Sarasins pour le prendre et l'amener sur la place des supplices. Gilion avait retrouvé toute sa grande force; il assomma les trois bourreaux et avec eux le geôlier; puis sortant de son cachot, il vint seul devant le Soudan, qui fut très surpris. La belle Graciane, fille du Soudan, ravie de la haute et bonne mine du chevalier, demanda un répit à sa mort. Il fut reconduit dans la prison des esclaves ; et le tyran, voulant le mieux connaître, le fit se montrer en divers exercices. Gilion l'étonna par son adresse à dompter les chevaux les plus rebelles et par sa vigueur à manier le cimeterre et la lance.

Graciane ne l'avait pu voir sans lui porter intérêt ; elle vint le trouver dans sa prison, aux heures où il était renfermé, pour l'engager à honorer Mahomet, lui promettant dans ce cas de grandes dignités. Gilion ne répondait à de tels conseils qu'en parlant à la princesse de Notre-Seigneur Jésus-Christ, dont il la priait d'embrasser la foi.

Sur ces entrefaites, dit la légende, le roi de Damas vint assiéger le Caire ; une grande bataille se livra sous les murs de la ville ; le Soudan fut vaincu et emmené prisonnier. Graciane, effrayée par les premiers fuyards, inquiète pour son père et ne sachant pas encore tout son désastre, avait fait donner des armes à Gilion, qui, sortant le soir à la tête d'une petite troupe, marcha droit vers la tente du roi de Damas, sans éveiller le camp, tua le monarque vainqueur, ramena le

Soudan, et sans se découvrir rentra dans sa prison.

Le lendemain matin, le tyran, voulant connaître son libérateur, en demandait des nouvelles à tout le monde. Mais personne ne savait son nom. Graciane lui apprit donc que c'était Gilion ; et elle le fit paraître devant lui, dans l'équipement qu'il avait porté la veille. Le monarque reconnaissant se sentit tout changé à l'égard de son captif ; il l'embrassa et lui donna la liberté, à condition qu'il le servirait désormais dans ses armées. Il prévoyait des événements et de grands combats qui ne se firent pas attendre.

Plusieurs rois et princes sarasins, amis du roi de Damas que Gilion avait tué, vinrent bientôt assiéger plus étroitement la ville du Caire. Sous la conduite du chevalier, les armées du Soudan restèrent partout victorieuses ; et une paix honorablement conquise fut le fruit de la vaillance et de la sage hardiesse du sire de Trazégnies. Le souverain du Caire le récompensa de son mieux ; car il le fit son premier ministre.

Chéri du père, Gilion était aussi de plus en plus l'objet des tendres affections de la fille. Dans l'espoir d'étouffer la passion qu'il avait fait naître, et dont la religion et l'honneur lui faisaient un devoir de se défendre, il déclara à la pauvre princesse égyptienne qu'il était marié en Europe, et que sa foi ne lui permettait pas, comme aux musulmans, d'avoir plus d'une femme. Cette nouvelle affecta Graciane si rudement, qu'elle tomba dans un état de langueur qui fit craindre pour ses jours.

Cependant il y avait plus de trois ans que Gilion était parti de son pays, où le bruit de sa mort s'était répandu généralement. Mais sa femme ne pouvait se résoudre à y croire.

Alors arriva au Caire un certain chevalier Amaury, dont nous ne saurions dire l'origine. Ce que nous en savons, c'est qu'il n'avait pu voir impunément les charmes de la dame de Trazégnies, et qu'il avait entrepris son voyage dans l'espoir qu'en rapportant à la belle Marie les preuves incontestables de la mort de son époux, il parviendrait à le remplacer auprès d'elle.

Poursuivant au Caire ses actives recherches, il sollicita une audience du premier ministre; et sa surprise fut grande en reconnaissant Gilion de

Trazégnies lui-même. Jusque-là sa passion avait pu être légitime, si alors il l'eût étouffée. Mais il la conserva, tout en sentant qu'elle devenait criminelle. Il marcha en conséquence. Il ne se déconcerta donc pas; changeant subitement de système et prenant le ton de la douleur :

— C'est vous que je cherchais, dit-il ; je suis porteur de tristes nouvelles. Votre femme Marie est morte en couches avec son enfant.

Il espérait de la sorte engager le bon seigneur à contracter d'autres liens qui l'eussent retenu en Égypte. Il s'en fût fait un appui pour ses projets.

Accablé de ces paroles fatales, Gilion se mit à pleurer en grande amertume; et il fit rester près de lui Amaury, qu'il harcelait de questions.

Le déloyal chevalier eût bien voulu repartir pour mettre à profit sa perfidie, en trompant Marie à son tour. Mais deux jours après, une nouvelle guerre étant survenue, Gilion pria Amaury de le suivre ; un chevalier ne pouvait rejeter telle requête. Ils marchèrent donc ensemble à la bataille. Le traître Amaury reçut là le châtiment de sa félonie; il y fut tué. Gilion, blessé et renversé de son cheval, fut fait prisonnier et enfermé dans un fort. Ce fut Graciane qui parvint à lui procurer la liberté.

Elle avait appris la mort de la dame de Trazégnies ; renaissant à l'espérance, elle avait recouvré la santé. Gilion ne fut pas insensible à une tendresse si constante. Le Soudan, vaincu par les sollicitations de sa fille, consentit à leur union, que des fêtes brillantes célébrèrent.

La princesse avait embrassé le christianisme en secret ; dix-sept années de bonheur se déroulèrent sur la vie du sire de Trazégnies.

Un jour, on lui vint dire que deux jeunes chevaliers chrétiens, nouvellement arrivés, demandaient l'honneur d'être admis en sa présence. Ils sont introduits ; Gilion est frappé de retrouver dans l'un d'eux le portrait vivant de sa chère Marie ; il leur demande quel pays les a vus naître ; quelques paroles expliquent tout ; ce sont ses deux fils qui l'embrassent. Leur mère est vivante, et fidèle au souvenir de son époux, qu'elle pleure toujours. Amaury seul fut coupable. Mais la tendre Graciane, présente à cette explication, est tombée sans mouvement. Lorsqu'elle revient à la vie, confiante dans les sentiments d'honneur de son époux, elle veut le suivre en Europe.

Du consentement du Soudan, à qui il promet de revenir le défendre s'il lui survient quelque guerre, le sire de Trazégnies s'embarque avec Graciane, qu'il traite désormais comme sa sœur, et avec ses deux fils, qui déjà, dans d'illustres combats, ont fait d'éclatantes prouesses. On arrive à Rome ; Graciane est baptisée par le Souverain-Pontife : et en cheminant, on finit par se retrouver dans le Brabant. Là, Gilion prie un gentilhomme de sa compagnie d'aller annoncer sa venue à madame Marie, sa femme. « Le gentilhomme partit donc, et fit tant, qu'il arriva au château de Trazégnies.

» Comme homme sage, il commença par saluer la dame et lui annoncer qu'il avait ouï dire que ses deux fils avaient retrouvé Gilion, leur père, et qu'en peu de temps ils devaient le ramener. Il ne voulait pas faire savoir d'abord que Gilion était si près, parce que autrefois, dit le naïf conteur, femmes sont mortes de joie.

» Quand la dame entendit ce message, elle fit grande chère au gentilhomme et lui demanda :

— » Ne savez-vous point s'ils sont en deçà de la mer ?

— » L'envoyé répondit qu'il ne pouvait le dire, mais qu'il avait vu un homme qui leur avait parlé. Pendant trois heures il laissa la dame en cette première joie. Puis il reprit :

— » Madame, je vous dirai maintenant que demain, après dîner, vous recevrez votre mari et vos deux fils dans ce château.

— » Ah! mon ami, s'écria la dame, en est-il ainsi? Et de la grande joie qu'elle eut, elle embrassa le gentilhomme. Puis elle fit tendre et parer la maison ; et elle invita les chevaliers et écuyers ses voisins, avec leurs femmes et leurs filles, à venir l'aider le lendemain à fêter son mari. Tous vinrent, le cœur en liesse. »

Le jour suivant, Gilion arriva avec ses deux fils et Graciane. La dame de Trazégnies se jeta au cou de son mari et l'embrassa longuement ; puis elle baisa ses deux fils et Graciane, et fit mettre tout le monde à table. Gilion était assis entre ses deux femmes et servi par ses deux fils.

Quand on eut soupé, Gilion parla à dame Marie, sa femme, et lui dit :

— « Ma très chère amie, étant captif en Egypte, il me fut dit et attesté par le chevalier Amaury que vous étiez morte en couches, vous et votre enfant. De la grande douleur que j'en eus, je fis vœu, puisque vous n'étiez plus de ce monde, de ne jamais retourner dans mon pays. Plus tard, je me remariai à cette noble dame que vous voyez, et qui m'avait sauvé la vie. Car sans elle je serais mort. Je l'ai fait baptiser à Rome ; et maintenant elle ne sera pour moi qu'une sœur, à moins que vous n'alliez avant elle de vie à trépas.

— » Sire, répondit la dame de Trazégnies, après un moment de silence, puisque vous avez épousé cette dame et qu'elle vous a sauvé, ne me considérez plus comme votre femme. Mon désir est de me retirer dans une abbaye, où tant que je vivrai, je prierai Dieu pour vous.

— » Dame, dit Graciane en intervenant, à Dieu ne plaise que je vous sépare de votre loyal seigneur ! » Elle se mit à pleurer ; si bien que le lendemain les deux dames, de concert, se rendirent ensemble à l'abbaye de l'Olive, où elles se dévouèrent au service de Dieu.

Gilion, attristé, partagea ses domaines entre ses

deux fils, et se retira dans l'abbaye de Cambron, où le comte de Hainaut et ses chevaliers le venaient voir pour entendre le récit de ses merveilleuses aventures.

Un an ne s'était pas écoulé depuis son retour, quand ses deux femmes moururent. Il fit élever trois tombes dans l'abbaye de l'Olive, disant que l'une des trois était pour lui ; et peu après vint un messager du Soudan du Caire qui réclamait sa promesse ; car il était attaqué par plusieurs princes sarasins. Le sire de Trazégnies dit adieu à ses deux fils en pleurs, retourna au Caire, reprit le commandement des troupes égyptiennes, battit et dispersa les ennemis du Soudan. Mais dans la dernière affaire il reçut une blessure si grave, que tous les soins ne le pouvaient sauver.

Quand il reconnut qu'il lui fallait mourir, il fit promettre au Soudan d'envoyer son cœur à l'abbaye de l'Olive, où il s'était fait préparer un tombeau ; ce que le Soudan exécuta fidèlement. — Et l'auteur de *la vraie Histoire du preux Gilion de Trasignies* dit avoir visité les trois tombes (au quinzième siècle), avant de commencer à écrire son récit.

LES
TROIS CHEVALIERS DE SAINT-JEAN

Causa nostræ lætitiæ.

Foulques d'Anjou, le quatrième roi chrétien de Jérusalem, tenait d'une main peu assurée le sceptre pesant de Godefroid de Bouillon. Cependant il avait fortifié Bersabée, cette vieille limite de son royaume, et il venait d'en confier la garde aux plus braves des soldats de la croix, à ces hommes dévoués qu'une pensée de charité avait faits les hospitaliers de la ville sainte, et qui étaiens devenus en 1104 — des moines armés — pour la défense du Saint-Sépulcre et de ses pieux pèlerins. — Religieux militaires, ils portaient la croix à la garde de leur épée ; ils cachaient le cilice sous la cuirasse ; et leur grandes figures sont profondément sculptées dans nos chroniques. On les appelait les chevaliers de Saint-Jean de Jérusalem.

A quatre lieues de Bersabée se dressait la première place forte des musulmans, Ascalon, cité des Philistins, occupée alors par une armée nombreuse, avec laquelle il fallait subir tous les jours des escarmouches sanglantes, des combats périlleux, des surprises et des embuscades.

En l'année 1131, époque où s'ouvrirent les faits dont nous entreprenons le récit, on remarquait surtout, parmi les croisés qui protégaient Bersabée, trois chevaliers de grand renom, trois frères de la maison d'Eppe, qui avaient ensemble, à l'appel du Saint-Siége, quitté leurs riants manoirs à deux lieues de Laon, pour venir en aide aux chrétiens de l'Orient, et qui s'étaient illustrés par de hauts faits d'armes. Leur courage éprouvé, leur foi ferme, leur ardeur et leur bonne mine attiraient fréquemment sur eux ces distinctions que recherchent les hommes de cœur, le poste le plus chaud dans une bataille, la faveur d'une mission redoutable, l'honneur de commander une sortie pleine de dangers.

Un jour, les sentinelles avancées de la garnison chrétienne semèrent tout à coup l'alarme dans Bersabée. De nombreux bataillons en armes venaient de sortir d'Ascalon et s'avançaient à la hâte. Les trois chevaliers eurent ordre de marcher avec leurs bannières à la rencontre de l'ennemi, de l'arrêter, de lui livrer bataille et de l'empêcher de former un siége. C'était ce que redoutaient le plus les croisés, dans un pays où ils n'étaient encore pour ainsi dire que des pèlerins campés. La rencontre fut prompte; l'attaque, de la part des Orientaux, fut ardente, selon leur usage, quand ils sont en nombre. Mais, comme toujours, ceux que l'Asie appelait les Francs montrèrent qu'ils ne s'ébranlaient pas devant les cimeterres, et qu'ils n'avaient encore appris ni à tourner le dos ni à reculer. Après qu'ils eurent, comme des rocs, fait rebrousser sur lui-même le torrent des Sarasins bondissants, ils se ruèrent sur leurs bandes en désordre; ils en firent un grand carnage; et, sans se désunir, d'attaqués qu'ils étaient, devenus assaillants, ils poursuivirent avec vigueur les guerriers d'Ascalon. Avec ces hommes que l'islamisme contient dans l'état sauvage, la guerre (nous le voyons encore aujourd'hui) n'a d'autre tactique que la perfidie et la ruse. Les enfants de la croix, emportés par leur courage, traversaient un ravin qui cachait une embûche ; un corps frais de Sarasins les prit par derrière. La force humaine est bornée, malgré l'étendue des cœurs vaillants. A la suite d'une lutte inégale, les trois chevaliers, restés seuls debout sur les corps massacrés de tous leurs compagnons, exténués d'efforts et de blessures, ne sortirent de l'exaltation qui les avait soutenus les derniers, que pour reconnaître qu'ils étaient prisonniers, désarmés, liés avec des cordes qu'on avait jetées autour d'eux et qui avaient arrêté leurs mouvements. Ils furent conduits à Ascalon, non pas en triomphe : car les infidèles, furieux d'avoir acheté si cher leur capture, les accablaient de mauvais traitements; et leur têtes seules eussent entré dans la place, si l'un des chefs sarasins n'eût calculé que de vaillants seigneurs paieraient certainement une grande rançon.

Mais personne n'étant resté du petit bataillon chrétien pour porter à Bersabée des nouvelles de la bataille, on crut que les chevaliers d'Eppe étaient morts ; et nul ne s'occupa de les racheter.

Les escarmouches se renouvelant tous les jours, on songea que les prisonniers n'étaient pas en lieu sûr à Ascalon. Un officier qui allait au Caire, d'où l'on attendait un renfort, crut qu'il ferait sa cour au Soudan, s'il les lui offrait. Admirant leur bonne mine, leur taille imposante, leur force peu commune et surtout le récit de leurs courageux faits d'armes, le Soudan fut flatté en effet de recevoir les trois héros. Il leur fit un accueil affable ; et son drogman leur annonça immédiatement qu'il dépendrait d'eux de ne pas regretter ce qu'ils avaient perdu.

Les chevaliers comprirent. Ils ne répondirent ce premier jour que par un salut silencieux.

On leur donna une semaine de repos, pendant lequel temps ils ne furent que surveillés. Après quoi, le prince, s'expliquant sans détour, leur déclara qu'il était porté à les admettre parmi ses chefs favoris ; que s'ils voulaient renoncer à la foi chrétienne pour embrasser le mahométisme, il leur donnerait dans ses armées les premiers commandements. Là commençait une guerre plus redoutable pour de simples guerriers que celle qui se fait avec la lance, la hache d'armes et l'épée à deux mains ; une guerre de l'intelligence désarmée contre la force brutale toute-puissante. Les chevaliers reculèrent en se signant tous les trois. Ils n'étaient ni théologiens, ni disputeurs; mais ils avaient la foi solide ; et l'honneur coulait dans leurs veines. Ils répondirent que, comme chrétiens et comme chevaliers, leurs cœurs, aussi bien que leurs bras, étaient à Jésus-Christ ; que vainqueurs ou vaincus, triomphants ou martyrs, ils espéraient ne forfaire jamais à Dieu et à l'honneur.

Cette réponse étonna le Soudan, qui ordonna d'emmener les chevaliers, contre lesquels il se promettait de dresser des batteries plus réglées. Durant plusieurs jours, il renouvela ses offres, ses promesses, ses instances. Il ne s'arrêta que lorsqu'il vit les trois frères inébranlables.

Il les fit alors enfermer plus étroitement et les mit aux prises avec les plus habiles docteurs qu'il y eût au Caire. Les docteurs consumèrent leur éloquence et leur dialectique matérielle à préconiser une religion de sensualisme et de mort, ils échouèrent contre la droiture des chevaliers. Plus furieux que le Soudan, car ils étaient humiliés dans leur orgueil, les docteurs prétendirent qu'on abattrait ces cœurs de fer par des rigueurs. Ils obtinrent aisément pour les trois frères une prison plus dure, une nourriture plus grossière, des chaînes plus pesantes ; et de jour en jour la triste captivité des chevaliers de Saint-Jean devint plus affreuse. A peine nourris de quelques poignées d'orge, enchaînés dans un cachot, lâchement outragés, ils endurèrent un lent martyre, qui dura plus de deux ans. Ces longues souffrances de toute heure demandent un autre courage qu'un supplice violent, mais subit, devant lequel on aperçoit dans une mort prompte la joie de la délivrance ; et les forces humaines ne les supporteraient pas, si elles n'étaient soutenues des consolations immenses que Dieu répand dans les cœurs qui sont à lui. Ces consolations, que le monde ne peut comprendre et au prix desquelles ses plaisirs sont bien frêles, Dieu les prodiguait aux chevaliers. Lorsqu'on les croyait abattus, brisés, domptés, ils chantaient dans leur prison obscure. Si on les menait au Soudan, ils lui portaient un front plein de sérénité, un cœur libre et joyeux, un regard pur et calme.

Le Sarasin se perdait dans cette énigme ; la merveilleuse persévérance de ces enfants du Christ lui semblait un héroïsme inconnu; et, à mesure que les chevaliers lui résistaient, il s'obstinait davantage à gagner à lui des cœurs si fidèles. Il ne savait pas que, contre lui et ses efforts, contre Satan et ses piéges, s'élevait la prière, si puissante quand la foi est son armure. Les chevaliers priaient ; ils ne demandaient à Dieu que ce qu'il accorde toujours, la grâce de rester ses enfants. Ils le demandaient par ce nom qui fait trembler l'enfer. Ils imploraient l'intercession de notre Mère commune, qui n'a jamais abandonné personne. Protégés de Notre-Dame, croisés de Jésus-Christ, captifs pour sa cause, vivant sous le regard de Dieu, ils souffraient avec patience, quand le Soudan tenta sa dernière lutte.

Il avait une fille, qui s'appelait Ismérie. Elle était jeune, grandement belle ; et on la citait comme une merveille d'esprit et de science. Plusieurs fois avec elle il s'était entretenu des chevaliers ; il s'était plaint de leur résistance. — Mon père, lui disait la princesse, vos docteurs sont sans doute des malhabiles ; ils s'expliquent mal avec leurs interprètes. Je crois que, si vous le vouliez, je persuaderais davantage. — C'est que la belle Ismérie, admirant les prisonniers sans les connaître, désirait voir des hommes d'un tel caractère.

— Eh bien! ma fille, dit un soir le Soudan, vous parlerez demain aux chevaliers ; je vous les livre. Vous irez à leur prison. Vous tenterez ce que les docteurs n'ont pu obtenir. Plus sensée peut-être que les savants ou plus heureuse, si votre esprit et vos grâces les amènent sous l'étendard du prophète, ce sera une conquête illustre. Et je ne m'effraie point de la chance qui peut survenir que l'un d'eux s'éprenne de vous ; ce serait un appui pour moi d'avoir un tel gendre.

La belle princesse, le lendemain, entourée de son éclat, pénétra dans la prison des chevaliers. Elle savait un peu de la langue des Francs qu'une esclave européenne lui avait apprise. Trop adroite pour leur annoncer la mission de son père, elle colora son apparition de l'ardent désir qu'elle avait de connaître des preux si renommés et de les sauver, s'il se pouvait ; — car, puisqu'on ne les rachetait pas et qu'ils demeuraient dans leur foi, le peuple demandait leur mort....

Ils répondirent que les émissaires chargés par eux d'annoncer leur captivité en France n'avaient pu sans doute remplir ce message ; que leur famille à coup sûr ne les croyait plus vivants, et qu'ils n'avaient moyen de payer leur rançon que si l'on consentait à renvoyer l'un d'eux en Europe.

Ce n'était pas ce que voulait le Soudan.

Ils ajoutèrent que, quant au malheur de renier leur foi, ils comptaient bien que la bonté de Dieu ne le permettrait pas. Ils remercièrent ensuite la princesse de la pitié qu'elle leur témoignait et du plaisir qu'ils éprouvaient de l'entendre parler leur idiome.

Ismérie, touchée de compassion pour de si nobles hommes, entreprit alors avec bonne foi de les amener, comme voie de salut pour eux, à la religion de son père, et de dissiper les préventions qu'ils avaient contre l'islamisme, dont elle exposa les enseignements. Elle parlait avec une candeur si naïve, que les chevaliers à leur tour prirent intérêt à cette pauvre jeune fille, élevée dans de fatales erreurs. Après lui avoir demandé si personne de sa suite n'entendait la langue des Francs, rassurés par sa réponse, ils lui dirent que, si elle le permettait, ils lui développeraient à leur tour leur foi et leurs espérances.

Non seulement la princesse y consentit ; mais, sans prévoir les suites de ce qu'elle éprouvait, elle manifesta une vive curiosité de connaître réellement le Christianisme et d'entendre sur ce sujet des bouches sincères. Un tel désir sans doute était déjà une première grâce. L'aîné des chevaliers raconta alors ce que l'Église lui avait appris de la création de l'homme, de sa chute funeste et des conséquences qu'elle eut, du Rédempteur promis, du Sauveur fait homme, de sa passion et de sa mort, de la réconciliation de l'humanité avec Dieu, de la réhabilitation de la femme par la bienheureuse intervention de Marie dans le plus généreux de nos mystères. Il expliqua la Trinité auguste qui n'est qu'un seul Dieu, la providence du Père, l'amour sans mesure du Fils, les lumières de l'Esprit consolateur. Il parla des récompenses éternelles. La lucidité et la précision de ses paroles étonnèrent ses frères, qui n'étaient comme lui ni clercs, ni prédicateurs. Ils ne songeaient pas, dans leur humilité, qu'il est écrit : « Quand vous rendrez témoignage de moi, ne préméditez pas ce que vous aurez à dire. Je vous donnerai des paroles et une sagesse à laquelle vos adversaires ne résisteront point [1]. »

La princesse fut émue, et, dans le trouble qui agitait son esprit et son cœur, elle promit aux chevaliers de revenir le lendemain. Elle charma son père, en lui annonçant qu'elle espérait un résultat de ses conférences, mais qu'elle devait les suivre. Et, dans la nuit, un songe qu'elle eut où elle crut voir la Sainte Vierge inclinée sur elle, acheva de gagner son cœur à la foi chrétienne. Les entretiens du second jour ne roulèrent que sur Marie, la mère des grâces. Les chevaliers se répandirent en si douces louanges et contèrent de si consolantes merveilles, que la princesse, envieuse d'honorer la Mère de Dieu d'un culte pareil à celui des chrétiens, les pria de lui faire une image de Notre-Dame. Les trois frères n'étaient pas plus artistes que docteurs. Cependant, pour ne se refuser à rien de ce qui pouvait entrer

---

[1] Évang. de saint Luc, chap. XXI, versets 13 à 15.

dans les desseins de Dieu, ils promirent d'essayer la pieuse image, si on leur donnait du bois et des outils.

Au bout d'une heure ils avaient tout ce qu'il fallait. L'un deux, ayant récité *l'Ave Maria*, se mit à l'œuvre et dégrossit le bois de son mieux. Ses frères l'aidaient avec zèle. Tous les trois priaient Dieu de guider leurs efforts.

Ils travaillèrent plusieurs jours, uniquement préoccupés, dans leurs veilles et dans leurs rêves, de leur pieuse entreprise. Un matin, quel fut leur ravissement, lorsqu'à leur réveil ils virent devant eux la statue qu'ils n'avaient qu'ébauchée, terminée entièrement et radieuse d'élégance et de beauté!

Cette ravissante image, qui leur semblait lumineuse, leur était-elle envoyée d'en haut? Ou bien, les mains des anges l'avaient-elles terminée? Des protestants ont dit que sans doute l'un des chevaliers était somnambule et qu'il avait fait de l'art en dormant. Ce ne serait dans le miracle qu'une forme différente.

Les bons chevaliers attendaient impatiemment la princesse. A l'aspect de la Mère de Dieu, elle tomba à genoux dans un grand ravissement, et d'autant plus étonnée, que l'effigie qui était devant elle ressemblait complètement à l'apparition céleste qui l'avait favorisée dans son sommeil. Elle baisa tendrement les pieds de la sainte image. Les captifs la nommèrent *Notre-Dame-de-Liesse*, à cause de la joie et du bonheur qu'elle apportait dans leur prison.

Pendant la nuit qui suivit une journée si heureuse, la princesse eut une seconde vision. Il lui sembla que la Sainte Vierge lui apparaissait de nouveau, sous la même forme. Était-ce là un miracle? était-ce l'effet des entretiens où les chevaliers avaient sans doute vivement dépeint la reine des anges? Le lecteur est libre d'aviser. Ismérie crut entendre que Marie l'engageait à délivrer les chevaliers, à passer en France avec eux, lui offrant son appui et lui promettant qu'à la suite d'une vie chaste et sainte elle recevrait dans le ciel une couronne de gloire impérissable et d'éternel bonheur. Elle n'hésita plus. Dès que le jour parut, elle courut à la prison des chrétiens; elle leur proposa de rompre leurs chaînes et de tout entreprendre pour leur évasion, s'ils promettaient de l'emmener avec eux dans un pays où elle pût embrasser leur foi. Elle leur avoua qu'elle tentait cette démarche, sur l'ordre qu'elle avait reçu de Notre-Dame. Les seigneurs d'Eppe, muets de joie et d'admiration, se jetèrent à genoux, rendant grâces à Dieu et à la Sainte Vierge, jurant à la princesse de la conduire en France au péril de leur vie et de mourir plutôt que de l'abandonner.

Le départ fut résolu pour la nuit prochaine. Dès qu'elle eut fait retirer ses filles, Ismérie, se chargeant de ses pierreries les plus précieuses, se rendit sans obstacle à la prison des chevaliers. Elle y trouva les gardes endormis, ouvrit les portes, fit tomber les chaînes ; et sous l'escorte des trois frères, qui emportaient l'image sainte, Notre-Dame-de-Liesse, leur plus cher trésor et leur plus sûr espoir, elle gagna les portes de la ville, qui aussi, par un miracle ou par un hasard singulier, se trouvèrent ouvertes. Arrivée au bord du Nil, la petite troupe ne put se refuser à reconnaître que Marie évidemment les conduisait. A travers le peu de clarté que donnaient les étoiles, les chevaliers aperçurent une barque qui venait à eux, dirigée par un seul rameur. Il leur offrit

7.

de les passer à l'autre rive ; et quand le fleuve fut traversé, Ismérie et ses compagnons se retournant ne virent plus ni le rameur, ni la barque, et ne purent remercier que leur divine protectrice.

Ici peut-être nous devons sacrifier aux scrupules de notre époque, en faisant halte devant un miracle plus extraordinaire encore. Mais, si le récit n'en était pas exact, comment en expliquer les monuments nombreux ? On a démontré qu'Homère n'a jamais vécu, parce qu'il n'a laissé de traces que ses œuvres. Mais l'histoire du fait que nous allons aborder a été écrite avec la pierre et le marbre : tout un siècle l'a accueillie ; de longues suites de générations l'ont saluée [1]. Cependant,

---

[1] Indépendamment de l'église de Notre-Dame de Liesse, bâtie immédiatement après le fait dont on lit ici les détails, il y a d'autres témoignages, dans l'unanimité des traditions du temps et dans l'accord des anciens historiens. Bandini, Bosio, Curione, Boissat, Baudouin, dans leurs Annales des chevaliers de Saint-Jean, rapportent tous le miracle qui a été l'occasion de l'église de Liesse. Cette histoire est aussi dans le Martyrologe des chevaliers de Malte. Elle était peinte en neuf tableaux dans une des salles du palais de Malte, représentée sur de vieilles chapes de l'église, reproduite sur d'antiques vitraux, sculptée et figurée en couleurs dans l'abbaye de Saint-Vincent de Laon. Une foule d'écrivains des siècles passés l'ont admise comme incontestée : Spinelli, Charles du Saussaye, Angelin Leriche, Antoine des Lions, Georges Colvener, Laurent dans son *Histoire de Laon*, Poiré, Courcier, Jean de Lancy, Simon Calvarin avec quelques erreurs, René de Ceriseiers et cinquante autres ont écrit cette histoire. Nau et Morison, dans leurs *Voyages en Terre-Sainte*, assurent que cette tradition s'est conservée à Ascalon jusqu'à leur temps (le dix-septième siècle).

nous le répétons encore, le doute est libre ici ; et la prudence humaine, si elle se croit douée de suffisantes lumières, peut nier, dans de telles choses où la foi qui oblige n'est pas en question. C'est le chemin le plus court et celui qui va le mieux à nos esprits inquiets. Nous poursuivrons donc, à la merci du lecteur.

La princesse et les trois chevaliers marchèrent jusqu'au jour. Alors la fatigue, la crainte d'une poursuite, la peur de quelque rencontre, les engagèrent à entrer dans un bois de palmiers, pour prendre un peu de repos. Malgré ses inquiétudes et la pensée de son père qu'elle aimait, Ismérie, accablée, s'endormit bientôt à côté de la sainte image. Les chevaliers se proposaient vainement de veiller sur elle, au moins tour à tour ; ils s'assoupirent pareillement et cédèrent au sommeil.

On peut citer encore une bulle de Clément VII, du 28 mai 1384, deux autres de 1389 et de 1391, plusieurs actes et titres du même siècle, les tombes des chevaliers d'Eppe, leurs épitaphes et diverses inscriptions anciennes. Le chanoine Villette, qui nous fournit ces détails, a publié lui-même une histoire de la miraculeuse image de Notre-Dame de Liesse, in-8°; Laon, 1755, honorée de nombreuses approbations, parmi lesquelles on remarquera celle de Mgr Louis de Clermont, évêque de Laon, qui s'exprime ainsi : « Nous avons lu ce manuscrit avec attention. Non seulement nous » n'y avons rien trouvé qui soit contraire à la foi, mais nous déclarons que » l'histoire qui y est rapportée est conforme à la tradition dont nos prédé- » cesseurs ont permis le cours et la créance dans notre diocèse. »

Jamais ils ne surent, non plus qu'Ismérie, se rendre compte du temps que ce sommeil avait pu durer. Ce qui les étonna grandement à leur réveil, ce fut de voir sur leurs têtes d'autres arbres que des palmiers, des arbres du nord de la France; d'apercevoir, à travers les clairières, un clocher et des tourelles comme on n'en trouve pas en Égypte, de respirer un autre air que l'air de l'Afrique. Ils se frottaient les yeux, se croyant encore sous l'empire d'un rêve ; car souvent ils avaient songé à leur chère patrie. Mais la princesse acheva de les troubler, par la surprise qu'elle montrait devant une fraîche nature qu'elle voyait pour la première fois, devant un ciel accidenté de nuages que l'Égypte ne soupçonne pas. L'image qui les accompagnait se trouvait placée à quelques pas d'eux, auprès d'une fontaine qu'ils n'avaient pas vue en s'endormant et qu'ils croyaient reconnaître comme un souvenir.

Au milieu de ces émotions, un berger passa conduisant son troupeau. Il était vêtu à l'européenne. Les chevaliers l'appelèrent ; il vint ; il parlait leur langue. Sa figure ne leur était pas étrangère...

Ils lui demandèrent dans quel pays ils se trouvaient?

— Vous êtes, dit le berger, dans le pays de Laon, près des Marches de la Champagne. — Car alors le nom de Picardie n'était pas encore en usage. — Ce bois et cette fontaine, reprit le berger, font partie des domaines des trois seigneurs d'Eppe, lesquels sont allés en Terre-Sainte, sous la bannière de Notre-Seigneur.

Le berger fit le signe de la croix. Il reprit encore :

— On assure que depuis trois ans les bons chevaliers sont devant Dieu. Mais, poursuivit-il, vous semblez, messires, à la croix qui se remarque sur vos vêtements en désarroi, revenir vous-mêmes de la croisade. Peut-être nous apportez-vous nouvelles certaines de nos pauvres seigneurs; et, quoique cette dame qui est avec vous soit étrangère, je vois à de bonnes marques que vous êtes dignes chrétiens.

Le berger venait d'apercevoir la gracieuse image de Notre-Dame-de-Liesse, devant laquelle il s'alla mettre à genoux. Les chevaliers, qui le laissaient dire et faire, tant ils avaient perdu la parole, l'imitèrent alors ; et, versant les plus douces larmes de la reconnaissance et de la joie, ils ne savaient comment remercier Notre-Dame, qui devenait pour eux de plus en plus à chaque pas Notre-Dame-de-Liesse. Leur barbe inculte et leurs souffrances les avaient changés assez pour qu'on ne pût facilement les reconnaître d'abord. Mais, dès qu'ils se furent nommés, le berger courut répandre dans la contrée la nouvelle d'un retour si prodigieux. Tous les villageois accoururent. Les chevaliers et la princesse furent conduits au château de Marchais, qui était un de leurs manoirs. Leur mère, qui vivait encore, faillit mourir de joie en revoyant ses fils qu'elle avait tant pleurés. Elle combla de caresses la princesse égyptienne, qui avait été l'instrument de leur liberté ; elle se chargea de la préparer elle-même au saint Baptême ; et, sur une prédilection que l'on crut manifestée par la merveilleuse image pour le lieu où elle s'était arrêtée dans le bois, on résolut de bâtir là son église. Ismérie consacra à cette œuvre d'actions de grâces la plus grande part des pierreries qu'elle avait emportées.

Dès qu'elle se crut en sûreté, elle envoya un message à son père, pour lui annoncer les prodiges que Marie avait faits pour elle, le rassurer sur sa vie et le prier de se faire chrétien. Nous ignorons ce que produisit cette lettre.

L'église de Notre-Dame-de-Liesse fut sur-le-champ fondée. Pour satisfaire à l'empressement des masses qui venaient de toutes parts honorer la miraculeuse image dont on disait les bienfaits, on la déposa provisoirement sur un petit trône, dans une chapelle rustique, faite à la hâte auprès de la fontaine, en attendant que l'église fût consacrée. L'évêque de Laon, Barthélemi de Vir, prélat vénérable[1], baptisa la princesse égyptienne; l'aîné des chevaliers d'Eppe fut son parrain; elle reçut le nom de Marie, et sa piété persévéra si vive, que peu de temps après elle se voua entièrement à Dieu, parmi les vierges saintes.

L'église destinée à la sainte image s'acheva en peu de temps; le bourg de Liesse se bâtit alentour; et ce lieu devint un pèlerinage très célèbre.

Nous ne pourrions énumérer tous les actes de

---

[1] Mort en odeur de sainteté dans l'abbaye de Foigny, et honoré le 6 juin dans l'ordre de Cîteaux.

bienfaisance qui ont signalé, dans ce sanctuaire, la bonté compatissante de la Sainte Vierge. Elle a guéri bien des plaies, calmé bien des peines, relevé bien des cœurs, soutenu bien des âmes faibles. La fontaine même que sa douce image a bénie a soulagé de grandes douleurs. Les plaisants qui rient de ces récits seront peut-être heureux un jour de recourir aux divins remèdes. Que Marie leur pardonne et les accueille!

Avant les excès et les rapines qui se firent en 1793, au nom de la liberté, de la tolérance, du respect des propriétés, l'église de Liesse était fort riche de dons et d'offrandes. On l'a dépouillée de son trésor matériel. Mais il lui reste la puissance de Marie, qui n'est pas soumise aux révolutions.

LA LÉGENDE DE GILLES DE CHIN ET DU DRAGON

> C'est 'l Doudou....
> *Chanson de Mons.*

L'incrédulité matérielle et mathématique du dix-huitième siècle, cette orgueilleuse et vaine manie de négation qui, dans ses fanfaronnades, se vantait de ne croire que ce qu'elle pouvait comprendre, lorsqu'elle comprenait si peu de choses, lorsque les sens de l'homme, le sommeil, les songes, l'instinct des animaux, le travail de la chenille, la structure d'un insecte, le tissu d'un brin d'herbe, l'arrêtaient à chaque pas, ce dédaigneux millième d'intelligence qui voulut mettre au néant tout ce qu'il ne pouvait tenir dans ses mains grossières, l'incrédulité nia les dragons, parce qu'elle n'en voyait plus ; comme si les Anglais, qui ont détruit les loups dans leur île, refusaient d'en reconnaître l'existence ; comme si l'avenir avait le droit de ranger parmi les fables le castor, le chamois, la baleine, dont les races vont périr!

Une foule de monuments prouve qu'il y eut autrefois des dragons ; beaucoup de saints, animés de ce courage que donne la foi chrétienne, beaucoup de chevaliers, enflammés de cette ardeur qui s'en va depuis long temps, les combattirent; et je ne vois pas comment on douterait par exemple du dragon de l'île de Rhodes, que Dieudonné de Gozon défit avec tant de gloire.

Le dragon de Wasmes ou de Mons n'offre rien de plus incroyable. S'il vous plaît d'en rejeter la légende, parce que des idéologues au dernier siècle ont traité les dragons de chimères, nous vous rappellerons qu'à leur grande confusion les travaux des Cuvier, dans la géologie, ont retrouvé les dragons et les animaux géants ; qu'ils y retrouveront bien autre chose, car la terre est un livre dont les géologues n'ont soulevé encore que le premier feuillet.

Nous ne vous parlerons pas ici des dragons que vainquirent saint Romain de Rouen, saint Marcel de Paris, saint Dérien, saint Julien du Mans, saint Pol de Léon. Nous ne refuserons pas d'accorder que, dans des siècles où le merveilleux était cher, on a pu exagérer ces récits. Nous ne prétendons pas défendre ce qui est extra-merveilleux ; ainsi nous ne croyons peut-être pas que les dragons dont parlent Possidonius et Maxime de Tyr aient couvert de leur corps, l'un un arpent et l'autre près de deux hectares de terrain. Mais nous pensons qu'il n'est pas interdit de croire à la brillante aventure de Gilles de Chin dans les marais de Wasmes, parce qu'elle nous semble appuyée [1], et qu'elle ne nous présente rien d'impossible, pourvu qu'on passe au récit quelque peu d'exagération. Voici la légende :

En l'année 1132, pendant que le Hainaut prospérait sous le gouvernement de Baudouin IV, surnommé le Bâtisseur, il survint en ce pays un rude et puissant fléau, qui causa grande désolation. C'était un cruel et monstrueux dragon, qui avait son repaire en une excavation aujour-

---

[1] Voyez Vinchant, *Annales du Hainaut* ; de Boussu, *Histoire de Mons* ; *l'Histoire de Notre-Dame de Wasmes*, etc. Gilles de Chin fut tué en 1137 dans une guerre élevée entre le duc de Brabant et le comte de Namur. Il fut enterré à Saint-Ghislain, où son épitaphe mentionnait son héroïque fait d'armes.

d'hui comblée, sur le penchant d'une des deux collines où est bâti le village de Wasmes. Il s'élançait, des marais qui entourent ledit village, dans toute la contrée, et venait jusqu'aux portes de Mons, dévorant les troupeaux, poursuivant les hommes et les femmes, et empoisonnant tout de son haleine. On l'appelait le dragon-gayant (ou géant, ce qui est la même chose en langage montois), à cause de sa grandeur démesurée, laquelle, dit-on, était de vingt-cinq aunes de Hainaut, — environ cinquante pieds, qu'il vous est permis de réduire en mètres. Sa peau, écailleuse et dure comme fer, était d'un gris sale et verdâtre ; sa tête, armée d'une mâchoire immense avec trois rangées de dents, était si ouverte, qu'elle pouvait avaler un homme de moyenne taille. Il avait d'énormes pattes, de pesantes griffes, de larges oreilles pendantes et de grandes ailes à la manière des chauves-souris ; il s'en servait, non pour voler, mais pour hâter sa marche. C'était une laide et hideuse bête ; et la désolation s'étendait par toute la comté de Hainaut.

On fit, par ordre de Monseigneur Baudouin IV, des cris et proclamations pour engager les vaillants hommes à combattre le dragon. De hautes récompenses furent promises à celui qui le tuerait; et, pendant que le comte Baudouin offrait au vainqueur la seigneurie de Germignies, le bon sire Guy de Chièvres, dont les domaines étaient fréquemment dévastés par le monstre, s'engageait, par serment juré devant Notre-Dame-de-Douleur à Wasmes, à donner au libérateur du pays la main de sa fille Ida, qui était la plus remarquable et la plus belle demoiselle de tout le Hainaut.

Plusieurs chevaliers, excités par l'honneur ou par l'attrait des récompenses promises, tentèrent la périlleuse aventure. Mais aucun ne reparut...

Personne n'osait donc plus affronter le monstre, quand le jeune et vaillant Gilles de Chin, ayant vu à Mons Ida de Chièvres, que son père avait amenée à la cour de Baudouin IV, en devint tout subitement si épris, qu'il fit vœu en secret de tuer le dragon pour la mériter. Il s'en découvrit à la seule Ida, dont le cœur s'enflamma aussi pour un seigneur si beau et si brave; elle trembla toutefois pour lui; et, l'intérêt qu'elle porta dès lors au chevalier lui inspirant de sages avis, elle lui donna de bonnes et doctes recommandations qu'il ne manqua pas de mettre à profit.

Et premièrement il fit faire en osier un énorme mannequin, de la forme et grandeur du dragon, le couvrit d'une toile peinte de la même couleur, et dressa ses deux bons chiens Aldor et Gontar, au moyen de leur curée qu'il recélait tous les jours dans les flancs de la machine, à venir l'attaquer et la déchirer sans peur. Des serviteurs logés dans les pieds du dragon d'osier le faisaient mouvoir, agitant avec des ressorts et des cordes son horrible tête, ses ailes et sa vaste queue, tandis que Gilles de Chin, sur son cheval favori, caracolait alentour, pour accoutumer aussi son destrier à la vue et aux mouvements du dragon.

Tout cela se fit discrètement; ces sages apprêts durèrent six mois, pendant lesquels le monstre continuait à dévaster la contrée, sans que nul parût songer à autre chose qu'à fuir.

Quand Gilles de Chin reconnut que ses chiens et son cheval ne lui manqueraient pas, dans le duel terrible qu'il allait provoquer, il brûla son mannequin; et, se présentant devant le comte de Hainaut, il lui demanda la permission d'aller combattre le monstre. Toute la cour, le voyant si jeune et si beau, et se rappelant ses grands faits en Palestine, où il avait combattu, s'affligea d'avance de sa perte. Baudouin fit ce qu'il put pour le détourner d'un projet si téméraire. Mais, à la grande surprise du Comte et du seigneur de Chièvres, Ida, qui n'avait que dix-sept ans, se leva tout à coup, et jetant son écharpe à Gilles de Chin :—Allez, bon chevalier, dit-elle ; et, par Dieu et Notre-Dame, vous sauverez le Hainaut.

Gilles prit l'écharpe, la mit à son cou, et s'écria :

— Par le saint nom du Seigneur, par saint Michel et saint Georges ! par sainte Waudru notre patronne, et par Notre-Dame-de-Wasmes ! je jure de ne rentrer dans Mons que vainqueur du dragon.

Toute l'assistance répondit : — Ainsi soit-il. Tout le monde s'agita ; et Gilles, au milieu de toute la cour, fut conduit jusqu'à la porte du Rivage. Il était monté sur son bon cheval bardé de fer, escorté de ses deux fidèles chiens, Aldor et Gontar, que protégeaient de larges colliers à longues pointes. Gilles lui-même, vêtu d'une solide cuirasse, le casque d'acier en tête, chaussé de bottes d'airain, portait sa grande lance, et la vaillante épée avec laquelle déjà il avait tué en Palestine un crocodile et un lion. L'écharpe d'Ida flottait à son cou, croisée par une courroie verte qui soutenait son écu, aux armes mêlées de Chin et de Coucy, qui étaient les siennes, de Berlaimont et de Chièvres, qui étaient celles de sa dame. Il était suivi de ses quatre écuyers ou serviteurs, vêtus de rouge et montés sur de petits chevaux blancs.

Après qu'on eut fermé les portes de la ville, toute la cour et les bourgeois montèrent sur les tours pour être spectateurs du combat. Les cloches ébranlaient les clochers ; dans toutes les églises, les prêtres, les religieuses et les moines priaient au pied des autels. On était à la fin d'octobre 1133. Gilles se rendit d'abord à Wasmes ; se mettant à genoux devant la sainte image de Notre-Dame, il ne voulut combattre qu'après avoir imploré l'assistance de la Mère de Dieu. Alors, se sentant pénétré d'un bon courage, il commanda à ses écuyers de l'attendre à cheval devant la chapelle, et de ne venir qu'à son cri.

Il s'avança donc seul avec ses deux chiens vers le repaire du dragon. Aldor et Gontar, ardents et animés à la voix de leur maître, emplissaient les airs de vastes aboiements. Le monstre les entendit ; il parut, siffla, lança des éclairs de ses yeux flamboyants, déploya ses larges ailes, agita sa queue tortueuse et ses lourdes oreilles, et vint comme un torrent au chevalier, qui, s'étant signé, prit sa lance et poussa son bon cheval par bonds inégaux.

Le monstre ouvrait son énorme gueule souillée de sang et d'écume ; et le destrier de Gilles commençait à s'étonner, quand l'intrépide Aldor et le courageux Gontar, se jetant aux flancs du dragon, surpris mais furieux de ne pouvoir les entamer, le forcèrent pourtant à tourner la tête. En ce moment Gilles lui enfonça sa lance dans la gorge ; il en jaillit un sang noir et empoisonné ; le dragon hurla d'une voix formidable, se retourna sur le jeune seigneur, et fit un bond si puissant, que le cheval de Gilles recula.

Et peut-être, sans un secours merveilleux que quelques-uns attribuent à Ida de Chièvres, mais que d'autres considèrent comme une intervention plus élevée, le chevalier eût-il succombé.

Une jeune fille blanche parut tout à coup, disent les légendaires ; elle tenait en main une petite lanterne. Elle jeta devant le cheval de Gilles un fagot d'épines. Le chevalier, le relevant de la pointe de sa lance, l'enfonça dans la gueule du dragon, dont les deux chiens étaient parvenus à déchirer les flancs. Alors la vaillante jeune fille mit le feu au fagot. Le monstre se débattit de ses ailes et de sa queue, déracina les arbres voisins et fit frémir la terre de ses bondissements. Gilles, ne se troublant point, sauta de cheval, saisit le moment pour se précipiter sous le monstre, et lui plongea sa longue épée dans le cœur, au seul endroit où sa peau était pénétrable. Après quoi, il remonta sur son bon coursier, siffla ses fidèles chiens, appela ses écuyers ; et tandis que le monstre expirait, il chercha la mystérieuse jeune fille ; *elle avait disparu.*

On avait vu tout ce combat, du haut des tours de Mons. Dès que le chevalier eut repris le chemin de la ville, escorté des bonnes gens de Wasmes et des villages voisins, qui chantaient ses louanges et fêtaient ses chiens et son cheval, il vit venir à sa rencontre toute la cour de Hainaut, tout le clergé et tout le peuple de Mons, avec les bannières et les instruments de musique. Ce fut une grande fête. Les deux chiens de Gilles marchaient à ses côtés, l'un fier et se dressant comme un vainqueur, l'autre persuadé sans doute que son maître venait d'échapper à un grand péril, et ne cessant de lui adresser, tout en suivant le chemin, de bons et tendres regards, tous deux semblant reconnaître, ainsi que le palefroi, qu'ils avaient mérité les caresses et les honneurs dont les comblait la multitude.

Gilles donna son cheval et ses chiens à la ville de Mons, qui les nourrit et les choya honnêtement. Il épousa Ida de Chièvres, devint chambellan de Hainaut, conseiller du Comte, seigneur de Berlaimont, Sart, Germignies et autres lieux, et laissa un nom qui ne périra point.

Jusqu'à la fin du dernier siècle, on faisait le 12 d'août avec grandes cérémonies, dans l'abbaye de Saint-Ghislain, le service funèbre de Gilles [1] ; et tous les ans la ville de Mons fête

---

[1] « L'an 1137, trois jours avant la mi-août, trépassa messire Gilles de Chin, qui fut tué d'une lance, et est celui qui tua le gayant. Et en fait-on l'obit

encore, le dimanche de la Trinité, le souvenir de sa grande victoire. Des accessoires burlesques se sont joints, il est vrai, aux représentations anciennes. Un immense dragon d'osier, que des hommes cachés font mouvoir, est promené par la ville; un chevalier, couvert de fer et vêtu à l'antique, le poursuit à cheval. Il représente Gilles de Chin.

Les chiens ne sont pas oubliés; les écuyers les représentent, équipés singulièrement dans de petits chevaux de Frise en carton; on les appelle les *chins-chins*; le dragon, par antichrèse sans doute, se nomme le *Doudou*. La jeune fille blanche y figure. Mais nous ne savons pas pourquoi on y introduit des diables, des hommes sauvages et des *charboulettes* ou jeunes paysannes qui font le *lumiçon*[1], tournoyant autour du monstre, vaincu finalement par Gilles de Chin.

Cette mascarade attire toujours à Mons une grande affluence de curieux.

Vous pouvez voir, à la Bibliothèque publique

à Saint-Ghislain en l'abbaye où il gît, trois jours devant la mi-août, aussi solennellement qu'on fait du roi Dagobert qui fonda l'église, » etc. *Inscription rapportée par Le Mayeur.*

[1] Limaçon, en patois de Mons.

de Mons, la statue ancienne de Gilles de Chin ; à ses pieds est un de ses chiens ; on a sculpté aussi la tête du dragon, qui a des traits de ressemblance avec celle d'un grand crocodile. Ce qui a fait dire à des critiques que le Doudou était un de ces monstres, tué en Égypte par Gilles de Chin, lequel avait fait la Croisade. D'autres ont prétendu que Gilles avait vaincu un soudan, dont le Doudou ne serait qu'une altération. Quelques-uns l'ont confondu avec un autre Gilles, qui occit Thierry d'Avesnes, de qui ils font un brigand pour consolider leur système. Il en est enfin qui soutiennent que la légende de Gilles est une allégorie, qu'il dessécha tout simplement un marais, parce que *Droog*, d'où est venu dragon, disent-ils, signifie en flamand *sec*. Mais on n'a jamais parlé flamand à Mons. Il en est enfin qui appliquent l'allégorie à quelque idole, que Gilles, dont ils font un saint, parvint à renverser. Quoi qu'il en soit, n'allez pas émettre ces doutes dans les nombreux cabarets qui, autour de Wasmes (où l'on fait aussi la procession du dragon), portent, en mémoire de Gilles de Chin, l'enseigne de l'Homme de Fer.

s.

HENRI-LE-LION

Pendant que la croisade de Frédéric-Barberousse occupait le monde chrétien, il y eut grand bruit dans toute l'Allemagne de l'aventure merveilleuse arrivée au duc Henri de Brunswick. Il s'était embarqué pour la Terre-Sainte. Une tempête le jeta sur la côte d'Afrique. Échappé seul du naufrage, il trouva un asile dans l'antre d'un lion. L'animal, couché à terre, lui témoigna tant de douceur, qu'il osa s'en approcher ; il reconnut que cette humeur hospitalière du redoutable animal provenait de l'extrême douleur qu'il ressentait à la patte gauche de derrière : il s'y était enfoncé une grosse épine, et la douleur le faisait souffrir à un tel point, qu'il ne pouvait se lever et qu'il avait complètement perdu l'appétit.

La première connaissance faite et la confiance réciproque établie, le duc remplit auprès du roi des animaux les fonctions de chirurgien; il lui arracha l'épine et lui pansa le pied.

Le lion guérit. Reconnaissant du service que lui avait rendu son hôte, il le nourrit abondamment de sa chasse et le combla de toutes les caresses qu'un chien a coutume de faire à son maître.

C'était fort bien. Mais le duc ne tarda pas à se lasser de l'ordinaire du lion, qui, avec toute sa bonne volonté, ne lui servait pas la venaison aussi bien apprêtée que le faisait son cuisinier. Il désirait ardemment de retourner dans sa résidence; la maladie du pays le tourmentait jour et nuit; mais il ne voyait aucun moyen de pouvoir jamais regagner ses États.

Le tentateur s'approcha alors du duc, que la tristesse accablait. Il avait pris la forme d'un petit homme noir. Henri d'abord crut voir un orang-outang; mais c'était bien Satan en personne, qui lui rendait visite. — Duc Henri, lui dit-il, pourquoi te lamentes-tu ? Si tu veux prendre confiance en moi, je mettrai fin à tes peines : je te ramènerai près de ton épouse. Aujourd'hui même tu souperas à Brunswick, où l'on prépare ce soir un grand festin ; car la duchesse, qui te croit mort, donne sa main à un nouvel époux.

Cette nouvelle fut un coup de foudre pour le duc : la fureur étincelait dans ses yeux, son cœur était en proie au désespoir. Il aurait pu songer que depuis trois ans qu'on avait annoncé son naufrage et sa mort, il était bien permis à la duchesse de se croire veuve ; il ne s'arrêta qu'à l'idée qu'il était outragé.

— Si le Ciel m'abandonne, pensa-t-il, je prendrai conseil de l'enfer.

— Il était dans une de ces situations dont le diable sait profiter. Sans perdre le temps en délibérations, il chaussa ses éperons, ceignit son épée, et s'écria :

— En route, camarade !

— A l'instant, répliqua le démon : mais convenons des frais de transport.

— Demande ce que tu voudras, dit le duc, je te le donnerai, sur ma parole.

— Eh bien ! il faut que ton âme m'appartienne dans l'autre monde.

— Soit, répondit le duc, dominé par la colère ; et il toucha la main du petit homme noir.

Henri emporté par le diable avec son loin.

Le marché se trouva conclu entre les parties intéressées. Satan prit la forme d'un griffon, saisit dans une de ses serres le duc Henri, dans l'autre le fidèle lion, et les transporta, des côtes de la Lybie, dans la ville de Brunswick, où il les déposa sur la place du marché, au moment où le guet venait de crier minuit.

Le palais ducal et la ville entière étaient illuminés; toutes les rues fourmillaient d'habitants qui se livraient à une bruyante gaîté, et couraient au château pour y voir la fiancée, et pour être spectateurs de la danse des flambeaux, qui devait terminer les fêtes du jour.

Le voyageur aérien, ne ressentant pas la moindre fatigue, se glissa à travers la foule, sous le portail du palais; et, accompagné de son lion fidèle, il fit retentir ses éperons d'or sur l'escalier, entra dans la salle du festin, tira son épée, et s'écria : — A moi ceux qui sont fidèles au duc Henri ! mort et malédiction aux traîtres !

En même temps le lion rugit, secouant sa crinière et agitant sa queue. On croyait entendre les éclats du tonnerre. Les trompettes et les trombones se turent ; mais les voûtes antiques retentirent du fracas des armes, et les murs du château en tremblèrent. Le fiancé, aux boucles d'or, et la troupe bigarrée des courtisans, tombèrent sous l'épée de Henri. Ceux qui échappaient au glaive étaient déchirés par le lion.

Après que le pauvre fiancé, ses chevaliers et ses valets eurent mordu la poussière, et que le duc se fut montré le maître de la maison, d'une manière aussi énergique que jadis Ulysse avec les prétendants de Pénélope, il prit place à table, à côté de son épouse. Elle commençait à peine à se remettre de la frayeur mortelle que lui avaient causée ces massacres.

Tout en mangeant avec grand appétit des mets que son cuisinier avait apprêtés pour d'autres convives, et en régalant son compagnon de ragoûts qui ne paraissaient pas non plus lui déplaire, Henri jetait les yeux de temps en temps sur sa femme, qu'il voyait baignée de larmes. Ces pleurs pouvaient s'expliquer de deux manières ; mais, en homme qui sait vivre, le duc leur donna l'interprétation la plus favorable. Il adressa à la dame, d'un ton affectueux, quelques reproches sur sa précipitation à former de nouveaux nœuds, et il reprit ses vieilles habitudes.

Henri-le-Lion, surnommé ainsi à cause de son aventure, disparut, ajoute-t-on, en 1195, emporté par le petit homme noir.

Le récit que nous donnons ici est de Musœus. Les protestants l'ont imaginé et n'ont rien négligé pour le rendre populaire : ils avaient intérêt à salir le grand caractère de Henri-le-Lion, qui, presque seul, avec le chef des Guelfes, défendit la Papauté, au douzième siècle, contre ces princes allemands qui déjà ouvraient les voies à Luther. — Henri-le-Lion mourut, en 1195, avec une éclatante réputation d'homme de cœur et d'homme vaillant.

LA CROISADE DES ENFANTS

Je crois que vous serez tous de l'avis du vieil axiome chrétien : « Il y a dans chaque enfant un homme tout entier ; » — car cet axiome est vrai. On a vu bien des enfants, à la guerre, dans les sciences, dans la vie civile, déployer l'énergie des hommes faits ; non pas fréquemment leur raison.

Ce qui se développe le plus vite dans les enfants, c'est l'instinct passionné et le sentiment des grands devoirs. L'hésitation est souvent fille d'un cœur qui commence à se corrompre ou qui l'est déjà un peu. Le cœur droit d'un enfant va au but qui lui paraît ou glorieux, ou noble, ou saint.

Un des plus remarquables exemples de ce qu'on vient 'avancer, c'est ce fait singulier qui éclate au treizième siècle, dans ce siècle de charité et d'élan généreux, et que l'on appelle LA CROISADE DES ENFANTS.

C'était en l'année 1213 ; le grand pape Innocent III appelait ardemment les chrétiens à la croisade. Il fallait secourir les empereurs latins de Constantinople, délivrer les chrétiens de la Terre-Sainte, protéger les côtes de l'Europe menacées par les enfants de Mahomet ; et les hommes puissants de l'Allemagne, de la France, et des autres contrées catholiques, usaient leurs armes dans des guerres intestines, au lieu de répondre

Les enfants croisés.

au magnanime appel du Souverain-Pontife. Alors on vit tout à coup les enfants, à défaut des pères, s'indigner des périls du monde chrétien et prendre la croix. Il s'en leva trente mille en France, et vingt mille dans les autres États européens. Échappant à la vigilance de leurs parents, ils s'armèrent comme ils purent, se proclamèrent soldats de Jésus-Christ, et prirent vaillamment le chemin de la Terre-Sainte. C'était en quelque sorte un mouvement épidémique, si ce mot peut être permis dans une détermination si noble ; et il est fâcheux que personne n'ait écrit l'histoire de cette grande manifestation, car les chroniques du temps ne lui consacrent que quelques lignes. Une note à un fait si grave !

Bornons-nous donc à la transcrire. Ces cinquante mille enfants, de douze à seize ans, s'étaient persuadés, dans leur zèle pieux, que, puisque les hommes faits ne sortaient pas de leur torpeur, Dieu voudrait bien se servir des enfants pour délivrer le Saint-Sépulcre et reconquérir la sainte Croix.

— Rendez-nous, Seigneur Jésus, votre Croix sainte! tel était leur cri de guerre.

De jeunes clercs et des enfants nobles faisaient partie de la troupe. Mais des vagabonds se joignirent à eux, et les excès qu'ils commirent en Allemagne furent cause que les petits croisés, mal accueillis partout, périrent presque tous de misère et de fatigue. Dans d'autres contrées, ils furent dépouillés par les voleurs.

Des trente mille enfants qui s'étaient enrégimentés en France, un très grand nombre arrivèrent à Marseille pour s'embarquer. Deux bandits qui les avaient suivis, et qui se faisaient passer pour d'honnêtes marchands, quand ils n'étaient que des corsaires, — les annales contemporaines ont conservé leurs noms peu avenants, l'un s'appelait Hugues Lefer et l'autre Guillaume Leporc, deux insignes scélérats, dit un historien, — leur promirent de les passer gratuitement dans la Palestine, et les embarquèrent dans sept grands navires. Deux de ces vaisseaux firent naufrage ; les cinq autres abordèrent en Égypte. Mais aussitôt, les deux pirates se dévoilèrent : ils prétendirent qu'il leur fallait les frais du passage, et ils vendirent ces pauvres enfants aux Sarasins.

Ils s'étaient élancés dans la croisade, décidés

Les enfants vendus.

à verser leur sang pour la cause de Jésus-Christ et avides du martyre : ils en eurent le bonheur ; car, fermes dans leur foi, ils moururent presque tous violemment, pour ne pas renier leur divin maître. Quelques-uns, non moins heureux, convertirent à la foi chrétienne ceux qui les avaient achetés ; et le grand exemple donné par ces enfants porta ses fruits. — Pendant qu'ils périssaient glorieusement en Égypte, le concile de Latran, convoqué par Innocent III, décidait une nouvelle croisade générale, où les rois et les grands de la terre ne tardèrent pas à venger les petits martyrs. — Nous les connaîtrons dans le ciel.

LE TOURNOI DE NOTRE-DAME.

Quoiqu'il n'y eût plus de croisades réglées depuis saint Louis, comme on en sentait partout encore le besoin sérieux et la nécessité politique autant que religieuse, comme on pouvait tout craindre à tout instant des hordes infidèles qui s'avançaient chaque jour, qui bientôt allaient prendre Constantinople, et qui peut-être seraient venues jusque chez nous étouffer la civilisation chrétienne, si la bataille de Léparte, immense fait d'armes dirigé par l'Eglise Romaine, n'eût relevé les étendards fidèles ; comme on prêchait dans toute l'Europe la défense de la foi, il y avait constamment encore, dans la première moitié du quinzième siècle, des cœurs de chevaliers qui, aux grandes solennités, faisaient publiquement vœu d'aller combattre et arrêter les enfants de Mahomet. L'ordre de la Toison-d'Or, fondé le 10 janvier 1430 par Philippe-le-Bon, n'était composé dans son origine que d'un petit nombre d'hommes d'élite, presque tous engagés par serment à se croiser. Parmi ces chevaliers on distinguait, à sa mine ferme et à sa valeur connue, messire Philippe Pot, gentilhomme bourguignon et seigneur puissant en vassaux. Il avait laissé passer quelques années sans lever sa bannière, pour l'accomplissement de son vœu, lorsqu'il apprit, en 1438, qu'Albert d'Autriche, parvenu à l'empire, s'apprêtait à marcher contre les Turcs. Il se hâta de le joindre avec ses hommes, et il ne tarda pas à s'illustrer par les grands coups d'épée.

Mais, dès les premiers jours de l'an 1440, le bruit se répandit que l'empereur Albert avait été tué dans une chaude rencontre où ses plus braves chevaliers étaient restés sur le champ de bataille, morts ou mourants. Ce bruit s'étant vite confirmé, ce fut grand deuil dans bien des familles. Toutefois, les amis de Philippe Pot conservaient la pensée qu'ils pourraient le revoir un jour ; car, avant de partir de Dijon, il avait fait bénir ses armes à l'autel de Notre-Dame-de Bon-Espoir, et il avait prié longtemps devant la sainte image.

Notre-Dame-de-Bon-Espoir était honorée à Dijon depuis un temps immémorial. Son image, noircie par les années, datait, selon la croyance populaire, des premiers temps du Christianisme. Elle était le canal de beaucoup de grâces et de merveilleuses faveurs, comme l'avaient reconnu fréquemment d'illustres personnages, au nombre desquels on citait le roi Philippe-Auguste. Jamais, disait-on, Notre-Dame-de-Bon-Espoir n'avait délaissé personne ; elle n'abandonnerait pas le chevalier de la Toison-d'Or qui s'était mis sous son appui.

Un prisonnier chrétien, parvenu à s'échapper, revint alors du camp des Turcs dans les États de Bourgogne, porteur de tristes nouvelles, qui firent succéder les alarmes aux flatteuses espérances. Il racontait qu'en effet tous les chevaliers compagnons d'Albert d'Autriche n'avaient pas trouvé la mort dans le combat ; que plusieurs, *navrés de blessures*, avaient été pris et retenus par l'ennemi, que de ceux-là était Philippe Pot. Mais il ajoutait que tous les captifs qui n'avaient pu immédiatement payer leur rançon avaient été livrés sans pitié à divers genres de mort : les uns décapités, les autres noyés ; ceux-ci pendus, ceux-là condamnés à l'affreux supplice du pal. Il avait ouï dire que Philippe Pot, le bon chevalier, à cause de sa mine fière, était, en manière d'honneur particulier, livré aux lions. Ses parents et ses amis ne devaient donc plus songer qu'à le pleurer, à prier pour le repos de son âme, et peut-être à le regarder comme un martyr ; car il avait subi la mort violente et donné son sang pour la cause de la foi.

Mais, six mois après, il y eut une autre nouvelle. Philippe Pot n'était pas mort. Il était revenu par mer. Il avait débarqué en un port de Flandre. Il était à Bruges, où le duc de Bourgogne tenait alors sa cour ; et il faisait exécuter là, par d'habiles peintres, un tableau votif destiné à Notre-Dame-de-Bon-Espoir.

Il y avait pourtant du vrai dans le récit du prisonnier échappé.

Le chevalier bourguignon n'avait pas été précisément livré aux bêtes ; il avait été condamné, ne pouvant se racheter, à combattre dans l'arène un lion redoutable ; genre de mort dont les guerriers turcs s'étaient promis un spectacle héroïque et une vive joie.

Philippe Pot avait donc été amené, sans cuirasse et sans armure, car ses juges voulaient qu'il fût mangé. Mais, souhaitant qu'il pût agacer par une certaine résistance la fureur du lion, et rendre ainsi la scène plus animée, ils lui avaient donné une dague pour sa défense. Or le chevalier, élevant sa confiance ailleurs que dans sa petite épée, avait, au moment suprême, invoqué d'un cœur ardent Notre-Dame-de-Bon-Espoir. La prière l'avait tellement affermi, que les bondissements du lion qui s'élançait sur lui ne l'avaient plus troublé. Il avait marché à sa rencontre d'un pas ferme et sûr, lui avait du premier coup plongé son épée dans le cœur, et l'avait tué, sans être atteint de la plus légère blessure. Ce fait inouï avait paru aux Turcs si extraordinaire et si prodigieux, que, par une acclamation spontanée, ils avaient donné à leur captif la vie et la liberté.

Sachant bien à qui il était redevable de son salut, Philippe Pot était revenu en Europe ; et il faisait peintre en Flandre son combat avec le lion, tableau qu'il voulait offrir bientôt à l'autel de Notre-Dame.

Quand l'ex-voto arriva à Dijon, en mai 1441, présenté par le chevalier dans la pompe et dans l'éclat de son costume, escorté de ses écuyers, de ses amis et de sa nombreuse famille, il y eut fête et allégresse dans toute la ville, et, à travers cette fête, un de ces mouvements qu'on ne retrouve qu'au moyen-âge.

Un autre chevalier de la Toison-d'Or, Pierre de Beaufrémont, comte de Charny, grand-chambellan du duc de Bourgogne, entendant raconter, sous le portique de l'église, devant une brillante réunion, la protection surnaturelle qui avait couvert son ami, et, à cette occasion, les consolants miracles accordés par Notre-Dame-de-Bon-Espoir aux cœurs fidèles, souffrit impatiemment les froides remarques de quelques esprits raisonneurs, qui cherchaient des causes humaines à des faits humainement impossibles. Il se leva tout à coup, et, jetant son gant au milieu des chevaliers, il annonça qu'il ouvrirait un tournoi, qu'il tiendrait une passe d'armes en l'honneur de la sainte Vierge, et qu'il romprait toutes lances contre quiconque oserait l'attaquer.

Ce singulier défi fut accueilli par de vives et bruyantes sympathies. Tous les plus nobles chevaliers se rangèrent avec enthousiasme aux côtés de Pierre de Beaufrémont, disant qu'ils étaient ses tenants ; le baron de Scey, Guillaume de

Vienne, André de Rabutin, deux frères de la maison de Vaudrey, et beaucoup d'autres voulurent soutenir une si belle et si glorieuse cause. Mais personne ne releva le gant, qui resta exposé comme gage de bataille sous le portique de l'église, au lieu même où il était tombé, et demeura là deux ans jusqu'au jour du tournoi.

On avait publié cette passe d'armes singulière dans les deux Bourgognes, en Brabant et en Flandre, dans tous les Pays-Bas, en Portugal, en Espagne, en Angleterre, en Italie, en France; et ce ne fut qu'au mois de mai de l'année 1443 que le champ-clos fut ouvert à Dijon avec toute solennité.

Les quinze chevaliers de la sainte Vierge partirent de l'église où ils avaient entendu la grand'messe, montèrent à cheval, et entrèrent dans la lice, que bordait une immense multitude de brillants spectateurs.

Ils étaient précédés de leurs écuyers, qui portaient tous la bannière de Notre-Dame. Les tenants avaient pour couleurs le blanc, l'or et l'azur, et des bouquets de roses à leurs lances. Mais ces flamboyants chevaliers eurent beau jeu,

Pierre de Bauffrémont.

disent les chroniques : car pas un seul opposant n'osa se présenter ; et qui pourrait se lever contre la Vierge sainte ? La vaste assemblée poussa des cris de triomphe unanimes et se rendit spontanément à l'église de Notre-Dame, où les chevaliers armés, que le peuple appelait les barons de la Sainte Vierge, chantèrent avec transport le *Magnificat*, tenant la lance inclinée jusqu'à terre devant l'image auguste, et généreusement ensuite *firent largesse* aux pauvres gens.

UNE AVENTURE DE BAUDOUIN IX

> Ce qu'il y a de beau sous la couronne, c'est le pouvoir de faire des heureux.
> FORJOT.

I

En l'année 1198, le comte de Flandre Baudouin IX, méditant déjà la croisade où il ne prévoyait pas qu'il gagnerait un trône, — le trône de Constantinople, s'occupait, comme vous le verrez plus loin, de donner à ses peuples des lois sages. Ce prince voyait bien que le genre humain commençait à se mettre en marche, et que la civilisation faisait des progrès, à mesure que l'Évangile était répandu.

Les Flamands avaient obtenu de ses prédécesseurs des priviléges et des franchises. Il voulut leur donner des chartes complètes, qui assurassent leurs droits. Il favorisa largement le commerce; et ce n'est pas se tromper que de le regarder comme l'un des pères de la prospérité du Nord.

Il disait souvent que, « selon les lumières de la saine raison, les princes devaient être aidés et honorés par leurs sujets; mais que, réciproquement, les droits des sujets devaient être saintement respectés et maintenus par les princes. »

Pour lui, loin de porter atteinte à ces droits, il les agrandit, et, s'il eût régné plus longtemps, la Flandre eût devancé davantage encore les peuples voisins dans les sentiers du progrès. Il voulait établir partout des lois, des mesures, des poids et des monnaies uniformes. Il ne rêvait qu'améliorations : et son plus grand soin était d'étudier les besoins de ses États.

Souvent il allait seul, comme il disait, à la découverte, vêtu de manière à ne pas se faire reconnaître. Il parcourait les campagnes et les lieux de réunion dans les villes ; il se mêlait aux bonnes gens, vidait familièrement avec eux le pot de bière ; et, se faisant passer pour un marchand de l'Artois ou du pays de Liége, il s'entretenait librement de leurs usages, de leurs désirs, de leurs goûts ; il recueillait leurs observations et leurs remarques ; il étudiait les mœurs ; il prenait note des vices qu'on lui signalait dans l'administration de la justice, dans la perception des impôts ; il s'instruisait des empiétements et des vexations que se permettaient parfois les baillis ou les seigneurs. Et souvent, sans pouvoir deviner comment leurs griefs avaient été connus du souverain, les opprimés se trouvaient tout surpris de les voir réparés, et de recevoir justice avant de l'avoir sollicitée.

Les légendaires ont recueilli à ce sujet plusieurs aventures de Baudouin IX. Celle que nous allons raconter n'est cependant pas telle qu'on pourrait l'attendre, d'après le préambule qu'on vient de subir.

Elle n'a pas rapport seulement aux bonnes gens que Baudouin surveillait pour les protéger. Mais on s'est abandonné à ce petit avant-propos, en appui de la légende qui suivra, pour rendre hommage aussi à la vie privée du grand prince qui fut le héros de l'histoire que voici :

Un jour que Baudouin IX (on ne l'appelait pas encore Baudouin de Constantinople) se trouvait depuis peu avec sa cour dans sa bonne ville de Bruges, il lui prit envie, après dîner, d'aller faire une de ses promenades solitaires dans les villages qui avoisinaient la ville. Bruges était déjà riche et belle; mais dans cette cité commerçante la population se trouvait si serrée, que dès lors le comte de Flandre songeait à agrandir son enceinte, projet qui ne reçut son exécution que dans la seconde moitié du siècle suivant.

Baudouin sortit du *Bourg* ou château des Comtes, par une petite porte du jardin, vêtu modestement d'un pourpoint de drap gris et d'un haut-de-chausses de cuir. Il n'était armé que d'une courte épée, comme en portaient les marchands;

il allait à pied, et tenait à la main un solide bâton d'aubépine, rougi au four.

Il traversa Bruges, remarquant tout sans se faire remarquer, gagna la porte du Sablon, parcourut quelques hameaux, et se laissa joindre par la nuit dans un cabaret, où il s'entretenait avec des gens du peuple qui faisaient une noce. Il y avait peu de chemin à faire pour rentrer dans la ville; Baudouin se remit en marche. Le ciel commençait à devenir noir, lorsqu'il aperçut la porte Flamande.

Par suite des troubles et des guerres intérieures qui avaient eu lieu sous les règnes précédents, il y avait alors dans la Flandre quelques aventuriers qui vivaient de rapine, comme en ce temps-là on en rencontrait dans tous les pays de l'Europe. C'étaient pour la plupart d'anciens guerriers qui, n'ayant pour vivre d'autre métier que les armes, détroussaient sur les grands chemins, quand la paix venait leur ôter les pillages permis.

Les croisades avaient délivré l'Europe d'une grande partie de ces brigands. Mais il en restait encore; sans cesse d'ailleurs il s'en formait de nouveaux, avec d'autant moins de scrupule, que le droit de la force commençait à peine à être mis en doute comme droit légitime. Depuis que des rois, en arrêtant et pillant eux-mêmes les marchands qui passaient par leurs domaines, avaient donné l'exemple du vol à main armée, considéré comme exploit chevaleresque, beaucoup de seigneurs se tenaient à l'affût dans leurs forêts, et les gens qui osaient les traverser y laissaient leurs dépouilles. Aussi voit-on, un peu plus tard, le roi saint Louis obligé de faire jurer à ses barons, sur les saintes reliques, des stipulations par lesquelles ils promettaient avec serment de ne plus battre fausse monnaie et de ne plus détrousser les passants sur la grande route.

Baudouin IX n'était qu'à deux cents pas de la porte Flamande; il apercevait distinctement, dans l'une des deux grosses tours qui flanquaient cette porte, un homme portant une lampe, dans un escalier éclairé de longues meurtrières, lorsque cinq forts gaillards armés, s'élançant de derrière un gros arbre qui bordait la route, se postèrent devant le comte de Flandre, qu'ils prenaient pour un marchand, et lui demandèrent sa bourse. Ils faisaient briller de longues épées nues. Baudouin, pour toute réponse, fit un pas vers le plus hardi de ces brigands, et d'un rude coup de son gourdin il brisa l'épée menaçante, qui vola en éclats. Puis, comme s'il se fût repenti tout à coup d'avoir fait usage du bâton, qu'on appelait l'arme des vilains, il tira son coutelas, poussa le cri de détresse en usage alors : — A moi! par la paix de Dieu! — et se mit en garde.

Il s'était acculé contre le gros arbre, et levait de la main gauche son gourdin, dont il se servait comme d'un bouclier pour parer les coups. Les cinq brigands fondirent sur lui avec fureur; personne dans la ville n'avait entendu son cri. Malgré sa force et sa valeur, Baudouin seul, à peine armé, eût mal tenu tête sans doute à tant d'agresseurs, si le Ciel ne lui eût envoyé de l'aide.

Un paysan, qui venait de battre du blé dans une grange voisine, déboucha par un petit chemin de traverse, et accourut, en répétant le cri d'alarme, au secours de son souverain, qu'il était loin de soupçonner là. Il n'avait d'autre arme que son fléau à battre le blé. Mais autrefois, dans les mains des manants, ce fut une arme terrible, qui décida du sort de plusieurs grandes batailles. Le paysan, qui, selon la tradition, se nommait Ely, en joua si bien sur la tête des brigands, pendant que Baudouin se défendait comme un lion, que dans peu d'instants deux des coupe-jarrets furent étendus à demi assommés sur la route ; les trois autres prirent la fuite.

Pour ne pas revenir à ces misérables, nous dirons sur-le-champ que les deux blessés ayant fait connaître leurs camarades échappés, quand les gardiens de la porte vinrent les relever, les cinq coquins furent pendus.

Baudouin, se voyant ainsi délivré, remercia l'homme qui l'avait si bravement secouru et lui demanda son nom.

Dès qu'il sut qu'Ely était un pauvre homme, qui vivait modestement avec sa femme de l'humble produit de son travail journalier, il lui porta intérêt.

— J'occupe une fonction à la Cour, dit-il : est-ce que je ne pourrais pas vous être utile ?

Car le Prince sentait que ce n'est point par

l'offrande d'une somme d'argent passagère qu'on reconnaît un grand service rendu.

— Tout de même, répondit Ely, vous pourriez m'obliger, si vous avez crédit d'approcher monseigneur le Comte ; et alors bienheureuse serait l'occasion qui m'a fait venir à votre assistance ! — quoique pourtant, ajouta-t-il, ce soit pure bonté de votre part. On doit s'entr'aider comme chrétiens ; je n'ai fait que mon devoir, messire ; et assurément, si vous m'eussiez vu dans la passe où vous étiez, vous seriez venu aussi m'appuyer.

— Oh ! par la sainte Croix, certes ! je l'aurais fait, s'écria Baudouin.

— Par la sainte Croix ! dit en souriant doucement Ely, c'est un beau serment. On voit bien que vous êtes de la suite du seigneur comte de Flandre, car c'est là son juron.

Baudouin se mordit les lèvres ; il ne voulait pas encore se faire connaître.

— Cela doit vous engager, reprit-il, à me confier ce qui peut vous rendre heureux. Je vous promets de ne pas vous oublier.

— Oh ! j'ai de l'ambition, dit le villageois en

cheminant à côté de son seigneur. Ce que je vous demanderais est peut-être trop difficile.

— Qui sait? dites toujours.

— Je sortais là, messire, puisqu'il faut parler, d'une ferme qui a vingt-sept bonniers [1]. Depuis le seigneur Baudouin-Bras-de-Fer (gloire à lui et paix à son âme!), vous voyez que ça date de loin, cette ferme appartient au domaine de monseigneur le comte de Flandre. J'ai cinquante ans; il y en a trente que j'y bats les blés et d'autres menues graines. C'est un beau bien! Je demanderais... Mais c'est trop; et vous diriez que j'abuse de votre honnêteté.

— Non, par le Sauveur! je ne dirai pas cela. Parlez-moi avec confiance.

— Par le Sauveur! marmotta Ély, encore un jurement du seigneur Comte. C'est étonnant comme les gens de la Cour prennent les bonnes habitudes!... J'achèverai donc, messire, poursuivit-il tout haut; — mais vous ne m'en voudrez pas? — Eh bien! je désirerais être, — pour le reste de ma vie, — de toute ma vie, — le fermier de la ferme où je ne suis que le batteur en gran-

[1] Un bonnier de Flandre est à peu près un hectare.

ge. Ça ne déplace personne, puisque le dernier fermier est mort.

— Mais ce n'est pas impossible, dit Baudouin.

— Vous croyez?

Ély s'arrêta, le cœur bondissant.

— Venez me voir demain.

Les deux compagnons étaient arrivés à la porte du palais.

— Où vous verrai-je? demanda Ély.

— Ici, dans ce château.

— Dans ce château!

— Dans ce château même.

— On ne me laissera pas entrer.

— Si fait, vous demanderez le secrétaire du Comte ; c'est moi.

— Bien, dit Ély ; je viendrai.

Et les deux amis se séparèrent.

II

En rentrant chez lui, le bonhomme Ély raconta à sa femme comment il avait rencontré sur la route, à la vue des portes de la ville, un homme assailli par cinq brigands ; comment il avait porté secours à l'homme attaqué ; comment avec son fléau il avait mis les bandits en déroute; et comment celui qu'il avait sauvé lui avait promis son appui.

— C'est, ajouta-t-il, le secrétaire du seigneur Comte.

La femme, qui, non plus que son mari, ne savait ni lire, ni écrire, demanda ce que pouvait être un secrétaire.

— Oh! répondit Ely, c'est plus qu'un batteur en grange; c'est même plus qu'un fermier; et ça doit approcher d'un bailli! car celui-là, quoiqu'il ait de simples habits et qu'il ne soit pas fier, parle comme un curé.

— Et tu crois, Ely, qu'il t'aidera?

— Si je le crois! il demeure au château de monseigneur; il m'a invité à l'aller voir demain.

— Et tu iras?

— Si j'irai!... Je lui ai demandé d'être fermier de la ferme.

— Oh! c'est trop, Ely. Quand on veut trop, on n'a rien.

— Bah! laisse donc. Monseigneur le comte de Flandre est un digne prince. Il ne refusera pas cela à son secrétaire, qui sans mon fléau eût passé un mauvais quart d'heure. J'ai opinion, ma femme, que demain tu seras fermière.

Les deux époux se mirent au lit sur ces riantes pensées. La pauvre femme s'abandonna aux espérances de son mari. Elle fit avec lui des projets. Elle voyait ses enfants dans l'aisance. Elle élevait des poussins, de petits porcs ; elle avait de belles vaches dans son étable, du grain dans son grenier des jambons pendus à sa cheminée, des provisions de noix et de beurre, de la bière et des pommes dans sa cave. Elle s'endormit, bercée par les rêves les plus agréables.

Elle s'éveilla la première, le lendemain matin ; elle habilla Ély de son mieux, et le conduisit de l'œil, pendant qu'il se dirigeait, le cœur ému, vers le palais de son souverain.

Cependant, en arrivant à la porte du Bourg, deux huissiers qui la gardaient, armés de hallebardes, lui inspirèrent un certain effroi.

— Me laissera-t-on passer ? Telle fut sa crainte. Il s'approcha timidement, ôta son bonnet de laine bleue, et demanda à l'un des portiers s'il ne pourrait pas parler au secrétaire de monseigneur ?

Les huissiers étaient prévenus.

— Vous êtes l'homme au fléau ? Vous vous nommez Ély ? lui dirent-ils ; et, sur sa réponse affirmative, ils le firent entrer, en lui témoignant de grands égards.

Une porte massive s'ouvrit. Le villageois se trouva dans une vaste salle d'armes, toute revêtue de sabres, de cuirasses, de boucliers et de lances. Il y avait dans cette salle quelques pages. Dès que l'huissier eut nommé Ély, l'un d'eux se détacha et courut prévenir Baudouin. Il parut bientôt, vêtu comme la veille, prit la main du bonhomme et lui dit :

— Je vous remercie d'avoir eu confiance en moi.

Ély ne comprit pas la portée de cette phrase, et répondit :

— Oh ! je n'ai presque pas dormi de l'espoir que vous m'avez donné. Ce serait en vérité une grâce du Ciel.

Puis s'approchant davantage de sa précieuse connaissance, et parlant plus bas pour ne pas être entendu des pages, qui, sans qu'il en fût frappé, se tenaient à l'écart dans une posture respectueuse, il continua :

— Est-ce que vous avez eu l'occasion de dire un mot à monseigneur, touchant notre affaire?

— Certainement; on s'en occupe. Il y a même bon espoir. Mais, en attendant, voulez-vous voir le château?

— Mais j'en suis tout ébloui, messire. Est-ce qu'il y a autre chose que cela?

Ély se figurait que la grande salle brillante où il se trouvait faisait tout le palais. Baudouin sourit. Alors, depuis les nombreux voyages des croisés, le luxe et le goût des arts se répandaient. Le Comte prit plaisir à faire parcourir au bonhomme toutes les longues suites d'appartements et de salles où résidait la cour, les cabinets de bain, les somptueuses chambres à coucher. A chaque pas, Ély faisait des exclamations de surprise. Il n'avait pas assez de ses yeux, qu'il lançait autour de lui sur les murailles peintes, sur les meubles, sur les plafonds, dont les solives étaient ornées d'arabesques et de dorures. Il se croyait dans un palais de féérie.

— Oh! c'est beau, disait-il.

Baudouin se divertissait de cette naïve admiration. Accoutumé à la grandeur, il faisait le contraste de sa position avec celle de ce pauvre homme, qui, n'ayant jamais habité qu'une chaumière, se croyait très ambitieux en désirant une ferme. Lui-même plus tard lui ressembla, lorsqu'il souhaita le trône de Constantinople.

— Eh bien! lui dit-il, en le voyant absorbé dans la contemplation des ornements qui l'entouraient, au lieu de votre ferme, est-ce que vous n'aimeriez pas habiter ici?

— Peut-être, messire, si j'y étais le maître, dit Ély en souriant ; mais c'est ici un palais du souverain ; avant d'élever les yeux si haut, regardons à nos pieds. Que ferais-je ici? Je ne suis pas né pour marcher sur l'or, et mes yeux supporteraient mal tant d'éclat.

— Ainsi vous serez heureux avec la petite ferme?

— Oh! si je l'obtiens, je serai le plus heureux des hommes! Et ma femme, quelle vie de bonheur elle y trouvera! Je n'aurai pour maître et seigneur que le comte de Flandre. Je reviendrai une fois tous les ans, dans ces beaux lieux, payer nos fermages. Je bénirai ce palais, comme la demeure de mon noble maître. Et si je puis un jour le voir lui-même de mes yeux, ce sera un grand honneur et un beau souvenir.

— Vous souhaiteriez donc de le voir, votre prince ?

— Qui ne mettrait pas sa joie à contempler, messire, celui qui s'occupe si constamment de la prospérité du pays, qui veille à ce qu'il nous soit fait à tous bonne justice, qui diminue tant qu'il le peut le nombre des infortunés, et qui ne cherche qu'à nous donner de bonnes lois ?

— Mais si vous l'aimez ainsi, dit Baudouin, un peu ému de ces éloges, je puis tout à l'heure vous faire paraître devant lui.

— Oh ! pardon. Je ne l'oserais maintenant. Comment pourrais-je me contenir devant un si haut souverain ?

— C'est un homme qui n'est pas plus fier que moi. Si vous voulez me suivre, je vais vous faire voir la cour rassemblée, et au milieu d'elle Baudouin IX, comte de Flandre et de Hainaut.

— Cela me fait battre le cœur, rien que d'y

penser, dit le villageois. Mais n'importe : je me fie à vous. Je serai heureux de voir une cour.

Baudouin traversa donc de nouveaux appartements, suivi de son défenseur, qui, à son aise avec lui, commençait à marcher d'un pas plus assuré.

— Sans doute, reprit-il, monseigneur le Comte sera tout vêtu d'or ?

— Pas du tout, dit Baudouin. Rien ne le distingue de ses courtisans, et il est rare même qu'il soit aussi éclatant que quelques-uns d'entre eux.

— Hélas ! messire, soupira en s'arrêtant le villageois ; et à quoi le reconnaîtrai-je ?

— A une circonstance, aux grandes politesses qu'on lui fera. Tout le monde se lèvera devant lui.

Ély se mit à réfléchir un moment, comme pour se bien pénétrer de cette indication. Puis il se laissa prendre la main par son guide, qui ouvrant tout à coup une porte, le fit entrer dans un vaste et riche salon, où toute la cour était rassemblée.

Il y avait là des comtes, des barons, des marquis, des chevaliers, des juges et des pages ; il y avait des dames radieuses. L'or, la soie, le velours, les pierreries étincelaient sur cette nombreuse compagnie. Tout le monde se leva ; tous les hommes saluèrent profondément, toutes les femmes firent de grandes révérences, en voyant paraître Ély et son conducteur. Le pauvre homme, interdit, se prit à pâlir ; il se serra contre le prétendu secrétaire du Comte, et regarda avidement la noble foule, pour y chercher le souverain. Mais, voyant venir toutes les politesses de son côté, il commença à se sentir saisi d'un tremblement universel. Il jeta les yeux sur celui qui l'avait introduit.

— Jésus ! dit-il d'une voix mal assurée, en s'adressant à Baudouin, ce serait donc vous, — Monseigneur?....

Ély balbutiait, s'agitant sur ses jambes chancelantes.

— C'est moi-même, dit Baudouin en lui prenant les mains, pendant que le pauvre homme tombait à genoux.

Le comte de Flandre le soutint ; et le présentant à l'assemblée :

— Chevaliers, dit-il, voici celui qui hier m'a

sauvé. Pour lui, je réclame au besoin l'appui de vous tous.

Les chevaliers et les dames s'approchèrent d'Ély, lui serrèrent les mains et le complimentèrent. Le bon villageois ne se possédait pas ; il se croyait bercé par un rêve inouï. Il s'effrayait des familiarités qu'il avait prises avec le comte de Flandre.

Les pages, sur l'ordre de Baudouin, l'emmenèrent dans une chambre voisine, et le vêtirent d'un habit de drap neuf, avec une bonne toque de laine rouge. Après quoi il fut ramené devant son seigneur, qui lui mit dans la main gauche une livre d'or monnayé, et dans la main droite un parchemin.

Qu'est-ce que cela ? demanda-t-il timidement.

On lui expliqua que c'était le diplôme par lequel il devenait maître de la petite ferme, — non pas comme fermier, — mais comme propriétaire, à la charge seulement par lui de se reconnaître vassal du Comte, et de venir tous les ans lui faire hommage, avec son fléau sur l'épaule, le jour anniversaire de la rencontre qui lui avait procuré cette cession.

Il serait difficile de peindre l'ivresse et l'extase d'Ély. Il s'en retourna hors de lui, triomphant, à sa chaumière, escorté par quatre officiers du Comte, qui sur-le-champ le mirent en possession de la ferme. La joie du bonhomme ne fut surpassée que par celle de sa femme, qui poussait des cris inarticulés et semblait prête à devenir folle de contentement. Elle orna de fleurs le fléau de son mari, qui, instrument de leur fortune, devint dans la ferme le meuble le plus précieux et le plus respecté.

Ely ne manqua pas au juste et léger hommage qui lui était imposé. Ses descendants le continuèrent tous les ans, jusqu'en 1270, que, Marguerite de Constantinople ayant agrandi Bruges, la ferme entra dans la nouvelle enceinte. Une petite rue du voisinage s'appela longtemps *Vlegel-Straet,* rue du Fléau.

Plusieurs princes ont eu des aventures qui ressemblent à celle-ci ; Walter Scott en raconte une qui paraît copiée de cette légende et qui est attribuée à un roi d'Écosse ; mais Baudouin a, je crois, la priorité de date.

LES
MATINÉES DE MARIE DE CHAMPAGNE

> Mais ces princes d'autrefois avaient pourtant quelque chose de bon.
> GOETHE.

Baudouin IX, ce vaillant et généreux chevalier, qu'on appelle aussi Baudouin de Flandre, Baudouin de Hainaut, et surtout Baudouin de Constantinople, parce que, né comte de Hainaut et comte de Flandre, il conquit l'empire et ceignit la couronne des Constantins, eût porté peut-être, s'il fut resté en Europe, un nom moins éclatant, mais plus cher encore. Illustre par ses faits d'armes, par ses exploits héroïques et par ses malheurs, il mérite aussi les regrets de l'histoire, à cause de toutes ses vertus, qui brillèrent trop peu de temps.

Avant de partir pour cette fameuse croisade

où il devait se voir couronné empereur dans Constantinople, régner un an à peine et disparaître, il s'était occupé, avec toute l'ardeur d'un vertueux jeune homme, du bien-être de ses sujets. Dans ses nobles et loyales intentions, il était secondé par sa gracieuse épouse, Marie de Champagne, princesse éclairée, fille du comte Henri-le-Libéral, nièce du feu roi Louis VII, cousine du roi Philippe-Auguste. Comme Baudouin son époux, la bonne comtesse ne devait pas avoir un long règne. Elle prit la croix avec lui, passa les mers et mourut en Asie, de la joie qui la saisit lorsqu'elle apprit que son époux était proclamé empereur et que le schisme grec reculait devant la croix latine. Pauvre princesse! Dieu lui épargnait l'horreur de savoir un an plus tard son cher Baudouin esclave des Bulgares.

Avant donc de quitter ses États de Flandre et de Hainaut, comme un homme qui, à la veille d'un long voyage, fait ses dispositions dernières, Baudouin IX employait activement les heures de sa vie à donner de bonnes lois à ses peuples. Il avait promulgué à Mons les chartes renommées du Hainaut. Il avait même ordonné qu'il y aurait partout, dans ses États, des poids et des mesures uniformes. Il réformait tous les matins l'irrégularité de ces vieux droits que nous appelons aujourd'hui contributions indirectes et qu'on nommait alors droits de thonlieu, de barrière, de péage, etc. Enfermé seul avec la bonne comtesse Marie, dont la bienveillance et les lumières formaient son plus cher conseil, il méditait attentivement sur chaque objet, puis il portait une ordonnance de soulagement ; et alors signaient, avec lui et avec sa femme, Sohier, châtelain de Gand, Ghérard, prévôt de Bruges, Thierry de Beveren, châtelain de Dixmude, Baudouin de Comines, Gérard d'Ardenbourg, Jean, châtelain de Lille, et plusieurs autres bons personnages qui s'obligeaient ainsi à soutenir les bienfaisantes dispositions de leurs souverains. Dans ses longues promenades, qu'il aimait à faire incognito, Baudouin faisait ses remarques et prenait des renseignements ; puis le lendemain matin il se consultait avec Marie de Champagne ; et les résultats de ces entretiens étaient toujours quelques améliorations, que le peuple appelait les matinées de la Comtesse.

Nous trouvons dans un très vieux manuscrit, qui a passé par la bibliothèque célèbre de M. Van Hulthem de Gand, les détails d'une de ces matinées. Nous les allons reproduire, comme scène historique et comme document pouvant faire connaître quelques circonstances de la vie, du commerce et de l'industrie de nos pères, au commencement du treizième siècle. A l'appui de ces détails, on peut consulter les deux lois qui vont être mentionnées et dont l'annotateur d'Oudegherst, M. Lesbroussart, a publié les textes originaux.

C'était en l'année 1202, par une fraîche matinée du mois de mars. Devant une table ronde très massive, placée auprès d'un grand feu de bois de sapin, étaient assis deux personnages solitaires. D'un côté, une femme jeune et belle, de taille moyenne, vêtue d'une longue robe de fine laine blanche parsemée de lions brodés à l'aiguille, était assise sur un escabeau recouvert de cuir rouge et orné de clous dorés dont la tête formait une petite croix. Cette femme était Marie de Champagne. Ses beaux cheveux châtains s'échappaient de son chaperon blanc à houppe d'or,

qui enveloppait sa tête et le contour de son visage.
Autour de son cou était un collier d'or et de verroteries, auquel pendait un petit reliquaire contenant quelques cheveux de sainte Savine de Troyes.
Elle avait sur l'épaule la croix rouge des croisés,
et à sa ceinture de cuir noir pendait son aumônière. Ses pieds étaient chaussés de bottines brunes
bordées de fourrures.

De l'autre côté était un homme robuste, qui
paraissait avoir trente ans. Sa belle figure était
ouverte et noble; ses yeux jetaient des éclairs,
sans rien perdre de leur bonté. Quelques mèches
de cheveux frisés s'échappaient autour d'une large
toque de cuir rouge. De petites moustaches fauves ombrageaient sa bouche accoutumée au sourire; son menton était rasé. Le bel ovale de sa
figure indiquait la force morale, comme la force
physique se décelait dans toute sa tenue. C'était
Baudouin IX. Il portait un pourpoint fermé, de
drap rouge, agrafé par devant, et dont les pans,
tailladés et courts, retombaient de manière à couvrir les fronces d'un large pantalon blanc, d'étoffe
de laine tissée à Bruges. Il avait de grandes bottes
noires sans éperons; et à sa ceinture de cuir jaune

brillait une petite dague. Le siége qu'il occupait
était recouvert par son grand manteau blanc ;
vaste pièce d'étoffe qui traînait jusqu'aux pieds
et qui se fixait sur les épaules au moyen de deux
crochets de cuir cachés par des lions. La croix rouge était cousue sur l'épaule gauche.

La scène se passait dans une salle du vieux château des comtes à Gand. La Comtesse tenait un
livre qui pouvait être un recueil de chartes ou de
lois. Baudouin avait devant lui un parchemin
blanc, d'autres parchemins griffonnés. Ses doigts
maniaient une plume préparée pour écrire.

— Vous avez fait beaucoup, Monseigneur, dit
la Comtesse. Vous avez accordé aux bourgeois de
Gand de bons priviléges ; tous ceux qui habitent
entre les quatre portes, à savoir la porte de Saint-Georges, la Braemporte, la Ketelporte et la Torreporte, ont été soulagés par vous. Mais ces droits
de thonlieu, qu'on lève sur les marchandises,
sont sujets encore à de grands abus, parce que
vous les affermez et que vos officiers commettent
à leur profit des exactions. J'ajouterai à tout ce
que je vous ai déjà dit qu'une de mes femmes a
vu, sur les marchés, prendre un jour quatre oboles

de droit pour une brebis ; un autre jour elle a vu prendre quatre deniers.

— C'est que rien n'est écrit, répondit Baudouin ; et les paroles se traduisent arbitrairement. Je n'ai rien oublié de vos remarques : de plus j'ai consulté de mon côté et j'ai recueilli des notes. Nous allons donc là-dessus faire une loi, si vous voulez : nous la lirons ensuite aux bourgeois et aux chevaliers ; et, par l'aide de Dieu, justice se fera.

Le Comte se mit à écrire, en lisant tout haut ce qu'il écrivait :

— « Au nom de la sainte et indivisible Trinité. Ainsi soit-il ! Comme il nous est connu que les officiers préposés à la levée des droits de thonlieu dans la ville de Gand se livrent à d'injustes exactions, abusant ainsi du privilége qui leur a été accordé par nos prédécesseurs, moi Baudouin, comte de Flandre et de Hainaut, de concert avec Marie, mon épouse, voulant réprimer par une loi fixe de telles énormités, après avoir consulté les hommes sages de notre pays sur le droit que peut supporter raisonnablement chaque marchandise, nous avons statué ce qui suit :

» Tout préposé qui lèvera sur les marchés un droit de thonlieu supérieur aux chiffres établis dans cette page, tombera immédiatement en notre puissance, lui et ses biens, comme un voleur public et un bandit de grande route, jusqu'à ce qu'il se soit justifié *(tanquam publicus latro et aggressor viarum).* »

Baudouin prit ses notes et poursuivit :

— « Le vin étranger payera deux deniers par mesure d'un seau (acua). » Un denier valait à peu près un demi-franc d'aujourd'hui.

— C'est bien, dit Marie, soyez modéré.

— « La pièce d'écarlate payera douze deniers. » L'écarlate est étoffe pour les riches. « La pièce de drap vert ou brun ne payera que six deniers. »

— Mais, dit Marie, que les gros draps du pays Wallon n'en payent que quatre.

— Et rien de plus, c'est juste, répondit Baudouin. Ces étoffes sont achetées par les pauvres bourgeois. « Un miroir de fer ou d'acier...... »

— Imposez peu, afin que toutes les jeunes filles puissent en avoir.

— « Une obole. » — La plus petite monnaie. —

« Le cuivre amené dans un chariot ou dans un bateau paye quatre deniers par cent livres. »

— Et le chaudronnier ambulant, le pauvre homme qui porte lui-même tout son avoir ?

— Il faut le ménager, vous avez raison. « Quel que soit le poids de sa marchandise, tout homme qui l'aura apportée sur son dos ne payera, en la vendant, que deux deniers.

» Sur la vente d'un lit de plume ou de laine, deux deniers.

» Un cheval, deux deniers.

» Une vache, un denier.

» Un porc, une obole. » Nous voulons que les pauvres ménages puissent manger une soupe au lard.

» Une brebis, une obole.

» Pour tout échange de bétail, on ne payera plus aucun droit.

» Un chariot de tourbe ou de bois à brûler, deux deniers.

» Un marchand de cuirs, sur chaque peau de bœuf, payera deux deniers. »

— Et le bonhomme qui n'a qu'un cuir à vendre ?

— Celui-là ne payera qu'une obole.

— Vous avez donné la pêche libre à tout votre peuple de Gand ; mais les pêcheurs du dehors.... C'est un métier pénible, et vous aimez le poisson.

— Eh bien ! « Tous les pêcheurs qui viendront d'au delà d'Anvers ne payeront que demi-droit. » Ils ont des frais de voyage. « Pour les autres, le droit est fixé ainsi :

» Un bateau chargé d'éperlans et de menus poissons payera quatre deniers.

» Les poissons fins payeront un denier, à l'exception du saumon, qui payera, comme le hareng et les poissons d'eau douce, le soixantième de son prix de vente.

» Une charge de fromage passé ou de beurre ne payera plus que trois oboles. »

Marie de Champagne demanda une exemption de droit pour le fromage frais, qui ne peut se conserver ; et avec quelques articles encore la loi fut faite.

— Mais, reprit ensuite la bonne Comtesse, en remarquant au sablier que l'heure du dîner n'était pas encore venue, il nous reste, à propos du vin, un détestable abus que je voudrais vous faire remarquer. Combien payez-vous le vin, Monseigneur ?

— Trois deniers le lot, dans tous les temps : vous avez raison, Marie, j'y avais déjà pensé.

— Un de vos prédécesseurs sans doute a établi cela. Quelque cher que soit le vin, vous avez le droit (du moins c'est le nom qu'on donne à ce privilége inique) de prendre partout le vin nécessaire à votre maison en le payant trois deniers le lot. Vous avez même, dans votre domestique, un officier qu'on nomme brise-cellier, et qui contraint les marchands à vous vendre ainsi pour leur ruine. L'horreur que cet homme inspire nous est un avis grave.

— Chère Marie, cette criminelle coutume cessera dès aujourd'hui, s'écria Baudouin. Je suis heureux de n'avoir pas encore été appelé devant Dieu avec tel poids sur la conscience. Ma main se fatigue vite. A votre tour, voulez-vous écrire?

Marie prit une plume et se disposa. Baudouin, qui était un prince grandement instruit, avait écrit jusque-là en latin. Mais employant la main de sa femme, quoiqu'elle entendît fort bien la langue des clercs, il lui fit la galanterie de sa langue maternelle et se mit à dicter en français les paroles qui suivent. Nous les transcrivons fidèlement, ne rajeunissant que l'orthographe.

« Baudouin, comte de Flandre et de Hainaut, à ses échevins et bourgeois, salut et entier amour.

» Comme il soit ainsi que mes antécesseurs comtes de Flandre, depuis longtemps, à quelque lieu qu'ils soient venus par le comté de Flandre, soit à Gand, à Bruges, soit à autre ville ou castel, ont toujours pris le lot de vin pour trois deniers, quelque cher qu'on le vendît, et ont fait cette chose comme de droit et de coutume, moi j'ai entendu cette accoutumance mieux être rapine ou exaction de force, que coutume raisonnable et droiturière. Pour ne pas laisser à ceux qui après moi viendront et à mes successeurs cet exemple de rapine et d'exaction, qui pour moi et pour eux peut tourner à la damnation perpétuelle, je déclare, à vous et à tous par le comté de Flandre, que j'abandonne à jamais cette coutume, et m'oblige, moi et mes successeurs, en quelconque lieu que je viendrai, à prendre le vin à ce même coût que les prud'-

hommes et les échevins connaîtront qu'il devra coûter. Seulement, il ne pourra être à moi plus cher vendu qu'à un autre.

» Et pour que ce soit ferme chose et stable à toujours, j'ai fait cette présente charte, scellée de mon sceau. Fait l'an de l'Incarnation mil deux cent et deux, au mois de mars. »

Baudouin signait, lorsque le brise-cellier entra pour avertir le Comte et la Comtesse qu'il était onze heures et que le dîner était dressé. Le Prince donna le parchemin à l'officier.

— Vous allez faire crier ceci partout, à son de trompe, dit-il, et vous vous y conformerez pour désormais acheter mon vin.

Et demain, chère Marie, poursuivit-il en se mettant à table avec la Comtesse, nous continuerons la révision de tous ces petits droits, qu'il serait plus doux de supprimer tout à fait.

— Il est pourtant juste, dit Marie de Champagne, que les marchands payent un peu la protection que le souverain leur accorde. Mais il ne faut pas qu'ils payent plus que cette protection ne vaut.

Gens de bien, — faiseurs d'histoire et faiseurs de lois, — méditez un moment sur tout cela.

LES CROISÉS
A
CONSTANTINOPLE

Nous donnons ici, en appendice aux deux légendes de Baudouin IX, un résumé, fait avec soin par le marquis de Paulmy, de l'intéressant récit laissé par Geoffroi-de-Villehardouin, maréchal de Champagne. On y verra la merveilleuse élévation de Baudouin et sa fin déplorable.

Le récit de Geoffroi-de-Villehardouin commence à l'année 1198 et finit à l'année 1207. Mais il comprend, dans un temps si court, des événements extraordinaires.

LES CROISÉS

A

CONSTANTINOPLE

———•◆•———

Sous le règne de Philippe-Auguste et sous le pontificat d'Innocent III, Foulques, curé de Neuilly-sur-Marne, fut chargé par le Pape de prêcher la croisade en France. Ce bon curé étant un personnage très saint, beaucoup de grands seigneurs et de princes, émus par ses prédications et désirant gagner les indulgences qu'il leur annonçait, se déterminèrent à prendre la croix ; de ce nombre fut Thibaut V, comte de Champagne et de Brie, pair et grand-feudataire de la couronne (père du Chansonnier). C'était un prince encore jeune, et qui donnait de grandes espérances. Il engagea dans cette expédition ses principaux vassaux, parmi lesquels on remarque Gauthier, comte de Brienne, Eustache de Conflans, et Geoffroi de Joinville, oncle du sire de Joinville, historien de saint Louis.

En 1199, les princes croisés, entre lesquels on comptait aussi Baudouin, comte de Flandre, s'assemblèrent à Soissons, afin de convenir du temps et de la manière les plus propres à faire réussir leur expédition projetée. Ils résolurent de s'adresser aux Vénitiens, et d'envoyer des ambassadeurs à cette république pour obtenir d'elle des vaisseaux de transport, et même un secours de troupes, promettant de partager avec Venise les conquêtes qu'ils pourraient faire. Ils nommèrent des personnes de confiance, à qui ils crurent les talents nécessaires pour assurer le succès de cette négociation; et Villehardouin fut le premier des deux députés du comte de Champagne. Ils partirent pour Venise l'an 1200. Henri Dandolo en était alors doge; c'était un personnage d'une expérience consommée et d'un mérite distingué, aussi grand militaire que bon politique. Il reçut les ambassadeurs des croisés avec de grands honneurs; et, ayant fait assembler le sénat pour les entendre, il fut arrêté, après bien des difficultés, qui ne furent levées qu'en 1201, que, moyennant une somme dont on convint, les Vénitiens fourniraient tous les vaisseaux de transport nécessaires à l'armée des croisés, composée des troupes des comtes de Flandre, de Champagne, et de Blois, et du marquis de Montferrat, qui devait s'unir à eux. Le doge et le sénat s'engagèrent de plus à armer, à leurs frais, cinquante galères pour contribuer aussi de leur part au succès de cette sainte expédition. Le traité qui renfermait toutes ces conventions fut solennellement juré dans l'église de Saint-Marc, d'une part, par les ambassadeurs des princes croisés, et, de l'autre, par le doge, les sénateurs, et les citoyens vénitiens assemblés au nombre de dix mille.

Il fut convenu qu'à la Saint-Jean de l'année suivante 1202 les princes croisés et les chevaliers s'assembleraient à Venise, et qu'on partirait de cette ville pour se rendre en Egypte.

Geoffroi de Villehardouin, étant retourné en Champagne, y trouva le comte son seigneur malade, et hors d'état de faire le voyage projeté; il eut la douleur de le voir expirer entre ses bras, en recommandant expressément à tous ses vassaux d'accomplir le vœu qu'ils avaient fait de combattre les infidèles, et de reconquérir la Terre Sainte. Aucun d'eux ne refusa de se conformer à ces pieuses intentions; et, une partie des trésors du comte ayant été destinée pour les frais de cette expédition, Matthieu de Montmorency, Simon de Montfort, Geoffroi de Joinville, sénéchal de Champagne, et le maréchal de Villehardouin, se firent un devoir de l'entreprendre ; mais il leur fallait un prince pour chef, et ce fut en vain qu'ils s'adressèrent au duc de Bourgogne et au comte de Bar-le-Duc ; ils furent refusés. Villehardouin proposa Boniface, marquis de Montferrat, qui vint en personne s'offrir à les commander, et à les conduire jusqu'à Venise. Ses offres furent acceptées; toute la troupe se mit en route pour cette ville, où elle fut jointe par le comte Baudouin de Flandre. Ces seigneurs reçurent la croix en différentes églises, dont les évêques et les abbés entreprirent le même voyage avec eux.

En traversant ses États, le marquis de Montferrat réunit tous ses vassaux à la petite armée dont on lui avait confié le commandement; et, en arrivant à Venise, ils trouvèrent, outre le comte

Baudouin, Henri son frère, le comte de Forès, Jean de Nesle, châtelain de Bruges, et Nicolas de Mailly. Ces chefs prirent leurs logements dans l'île de Saint-Nicolas, espèce de faubourg de Venise. Lorsqu'il fut question de s'embarquer, ils rencontrèrent beaucoup de difficultés à rassembler l'argent nécessaire pour payer leur passage ; mais le sage et brave duc ou doge Dandolo leva tous les obstacles, et se contenta de la promesse que lui firent les croisés de l'aider, chemin faisant, à reprendre la ville de Zara en Dalmatie, que le roi de Hongrie avait enlevée à la République. Au moyen de cet arrangement, la flotte appareilla ; et Dandolo même ayant pris la croix, quoique très âgé, et presque aveugle des suites d'une ancienne blessure à la tête, se chargea de diriger cette sainte expédition.

A l'instant du départ, il survint deux événements importants. Une nouvelle troupe, composée d'Allemands, à la tête desquels était l'évêque d'Halberstat, renforça l'armée croisée, et un jeune prince grec vint implorer son secours : c'était Alexis, fils d'Isaac l'Ange, empereur de Constantinople, détrôné par son frère, nommé aussi Alexis, qui lui avait fait arracher les yeux. Le jeune Alexis fit au doge et au chef des croisés les promesses les plus flatteuses pour les engager à rétablir son père sur le trône impérial. Dandolo permit que ce prince malheureux s'embarquât sur sa flotte, et il remit à délibérer sur ses propositions, après la prise de Zara. Le siége en fut de quelque durée, et cette ville rentra sous la domination des Vénitiens, malgré les différends qu'il y eut à ce sujet entre eux et les Français.

Après la conquête de Zara, il fut sérieusement question de décider si, au lieu de se rendre tout de suite en Egypte pour y combattre les Sarasins, on ne tournerait pas plutôt les voiles vers Constantinople, dans le dessein de tenter de prendre cette ville, d'en chasser l'usurpateur, et de rétablir sur le trône l'empereur Isaac l'Ange et son jeune fils Alexis. Ce prince offrait de réunir l'Église grecque à l'Église latine, de payer deux cent mille marcs d'argent aux croisés, et de se joindre à eux avec dix mille hommes pour combattre et recouvrer la Terre-Sainte. Quel que fût l'embarras de réaliser des propositions aussi brillantes, les croisés y prirent confiance. Mais ce ne fut qu'avec beaucoup de peine qu'ils parvinrent à lever tous les obstacles. Les évêques, les abbés, les moines, qui accompagnaient l'armée, rejetèrent l'expédition contre Constantinople. Ils prétendirent que ce ne serait pas le sentiment du Pape, de conquérir un empire possédé par des chrétiens, au lieu d'aller combattre les infidèles, ce qui était le principal objet de la croisade. On députa à Rome pour s'assurer de la façon de penser du Saint-Père : mais, en attendant sa réponse, on ne laissa pas de conclure un traité avec le jeune Alexis. Innocent III en parut mécontent et déclara que cette entreprise était contraire au bien de la religion. L'armée des croisés, Champenois, Vénitiens, Flamands et Italiens, aux ordres du doge Dandolo, du comte de Flandre Baudouin, du comte de Blois Louis, du marquis de Montferrat Boniface, du duc de Souabe, et de Geoffroi de Villehardouin, s'embarqua néanmoins pour Constantinople, où le rendez-vous était assigné vers la quinzaine de Pâques de l'an 1203 ; les croisés conduisaient avec eux le jeune prince Alexis.

L'armée séjourna trois semaines dans l'île de Corfou, et pensa s'y voir fort affaiblie par une défection considérable, une partie des généraux voulant rester dans cette île pour passer directement en Palestine, et les autres leur remontrant qu'ils ne pouvaient réussir dans leur entreprise qu'en s'assurant des secours que leur promettait le prince de Constantinople. Ce grand débat ne fut apaisé que par les exhortations du maréchal de Champagne, qui ramena sagement les esprits de ceux qui s'opposaient à l'expédition contre Constantinople, en leur insinuant qu'il fallait la hâter, afin de se trouver vers la Saint-Michel libres de passer en Syrie. La flotte étant entrée dans l'Hellespont, on franchit sans danger le détroit des Dardanelles, et l'on découvrit bientôt la ville de Constantinople, qui causa à la fois la surprise et l'admiration des croisés.

Après avoir pris quelques précautions pour s'assurer des vivres, on exécuta le débarquement auprès de Chalcédoine, où les principaux seigneurs se logèrent dans un palais appartenant à l'empereur Alexis. Une partie de l'armée s'arrêta dans cet endroit ; le reste passa du côté de

Scutari, et y séjourna neuf jours au milieu du pays le plus beau et le plus fertile; elle s'y pourvut abondamment de vivres, et eut quelques avantages sur des détachements grecs, envoyés successivement pour les harceler, par l'usurpateur Alexis. Un ambassadeur de ce prince, ayant osé se charger de la commission périlleuse de faire des menaces aux chefs des croisés, reçut pour toute réponse qu'on ne le reconnaissait point pour empereur, et que le légitime héritier de l'empire était dans l'armée latine.

Dès le lendemain, on tint conseil à cheval et on disposa tout pour le succès de l'attaque qu'on avait résolu de tenter deux jours après. Les assaillants furent divisés en six corps, dont le premier était commandé par le comte de Flandre Baudouin, le second par Henri son frère, le troisième par le comte de Saint-Pol, le quatrième par le comte de Blois, le cinquième par Matthieu de Montmorency, et le sixième par le marquis de Montferrat. Au jour convenu, cette attaque se fit avec une ardeur incroyable, et avec de grands dangers pour les assaillants, qui s'emparèrent enfin de la tour de Galata. Mais il fallut encore deux attaques consécutives et très meurtrières, pour que les Latins pussent pénétrer dans la capitale de l'empire grec; ils en vinrent enfin à bout, et durent ce succès à l'intelligence et à l'extrême valeur du doge Dandolo.

Cet illustre vieillard, âgé de plus de 90 ans, et presque aveugle, s'y était réservé la gloire de commander un corps de soldats choisis, à la tête duquel il fit une dernière attaque. Il le conduisit à l'assaut avec autant d'audace que de bonheur; monta le premier à l'échelle, et arbora l'étendard de Saint-Marc sur une des tours. En étant redescendu du côté de la ville, et ayant ouvert la porte à ses gens, ils entrèrent dans Constantinople par cette porte, tandis que l'usurpateur Alexis, troublé, effrayé, s'enfuyait par la porte opposée.

Cependant le corps de Vénitiens que commandait Dandolo était trop peu considérable pour se rendre maître de la ville entière : ce brave général se contenta de se cantonner dans le quartier dont il venait de s'emparer, et il envoya avertir les Français d'accourir à son secours; mais il apprit bientôt avec chagrin que ceux-ci étaient occupés à se défendre contre les Grecs qui, étant sortis par une autre porte, les attaquaient, dans la double espérance, assez bien fondée, de les accabler par le nombre, et de les mettre hors d'état d'aller secourir les Vénitiens.

Ils se défendaient vaillamment, lorsque Dandolo, apprenant le danger qu'ils couraient, abandonna le quartier dont il était maître, et, volant à eux, les mit en état de remporter une victoire complète sur les Grecs. L'usurpateur, perdant toute espérance à cette nouvelle, disparut enfin tout à fait avec ce qu'il put emporter de ses trésors; et, dès le jour suivant, les députés de Constantinople s'empressèrent d'apprendre au jeune Alexis que l'empereur son père venait d'être tiré de la prison où son frère l'avait fait enfermer, qu'il avait été conduit au palais de Blaquerne, et qu'assis sur le trône dont il avait été injustement chassé, il avait reçu de ses sujets un nouveau serment de fidélité.

Alexis vola dans les bras de son père, et les croisés ne tardèrent pas à lui envoyer une ambassade solennelle pour le féliciter. Cette importante commission fut donnée, de la part des Français, à Matthieu de Montmorency et à Geoffroi de Villehardouin. Ils trouvèrent l'empereur aveugle, mais d'ailleurs dans tout l'éclat d'un successeur du grand Constantin. Il les reçut avec les égards dus aux députés et aux représentants de ses libérateurs. Mais quand ils lui expliquèrent quelles étaient les promesses faites par son fils, il ne put retenir ses soupirs, sentant bien l'impossibilité où il se trouvait de les remplir, puisqu'il ne s'agissait pas moins que de payer deux cent mille marcs d'argent, de fournir l'armée des croisés de vivres pendant un an, de joindre à leur armée dix mille soldats grecs, et d'entretenir pendant sa vie cinq cents chevaliers au service de ces mêmes croisés pour la défense de la Terre-Sainte.

Cependant, quelque extrême difficulté que le bon empereur Isaac trouvât à l'exécution de ce traité, il consentit à le ratifier, et à en sceller l'engagement au bas d'un parchemin teint en couleur de pourpre, et écrit en lettres d'or ; le sceau impérial étant renfermé dans une boîte de même métal. Bientôt le jeune Alexis fut associé à l'empire par son père, et couronné avec beaucoup d'éclat dans l'église de Sainte-Sophie. Mais tous les embarras prévus par Isaac ne tardèrent pas à se manifester.

Quoique les Latins se fussent retirés dans un quartier particulier, nommé Stenon, situé au delà du port (ce quartier s'appelle à présent Péra, et c'est encore celui où demeurent habituellement les Francs) ils ne laissaient pas de venir souvent à la ville et à la cour, et ils pressaient le jeune Alexis d'accomplir ses promesses. Il était d'autant plus gêné, qu'il s'en fallait encore de beaucoup que l'empire grec lui fût entièrement soumis. Dans Constantinople même, on murmurait contre les Latins, et surtout contre les Français, qui causaient souvent du désordre dans la ville. Alexis, sentant que le danger était égal pour lui, ou de retenir les croisés dans sa capitale, ou de les laisser s'en éloigner, préféra le premier de ces deux partis. Il alla prier les princes latins de demeurer encore un an auprès de lui, et d'employer ce temps à soumettre les rebelles qui étaient en grand nombre du côté d'Andrinople et dans la Thrace. Ils y consentirent, et le marquis de Montferrat, avec une partie des croisés, alla effectivement combattre les partisans de l'usurpateur, qui s'étaient rendus maîtres d'Andrinople. Il prit cette ville, dissipa entièrement les factieux, et assura une seconde fois la couronne impériale sur la tête du jeune Alexis. Baudouin et Villehardouin étaient restés pendant ce temps dans la capitale de l'empire.

Les Latins en ce temps-là, ayant pillé une synagogue de Juifs, et quelques Grecs ayant voulu prendre le parti de ceux-ci, il en résulta une grande bagarre, au milieu de laquelle le feu prit aux maisons de quelques riches marchands. Non seulement elles furent consumées, mais l'incendie, ayant gagné le quartier le plus peuplé et le plus commerçant de la ville, dura huit jours, sans qu'on pût l'éteindre; toutes les rues, dans l'espace d'environ une lieue, furent entièrement détruites par le feu; plusieurs galères rapprochées des quais devinrent également la proie des flammes, et le nombre des personnes qui périrent dans ce désastre fut très considérable. On ne manqua pas d'imputer ce malheur, non pas tout à fait à la malice, mais au moins à la vivacité, à l'imprudence et à l'étourderie, depuis si longtemps et si généralement reprochées à la nation française. Dès ce moment les Français parurent insupportables aux Grecs. Ils ne virent plus les croisés qu'avec indignation, et ceux-ci, voulant se venger de la haine qu'ils s'aperçurent qu'on leur portait, devinrent de plus en plus tyranniques, et traitèrent les Constantinopolitains en véritables ennemis. Ils prétendirent se payer par leurs mains de l'argent qui leur avait été si imprudemment promis par le jeune empereur Alexis. Ils pillèrent sans ordre et sans règle ; et l'avidité leur ayant fait oublier quel était le principal objet de leur voyage et le but de leur expédition, ils osèrent dépouiller les églises même de leurs plus précieux ornements. Alexis, ne pouvant réprimer ces désordres, crut devoir témoigner combien il en était mécontent. Il cessa de voir aussi fréquemment les princes et les chefs des croisés, et se plaignit même assez publiquement de leurs procédés. Tout ce qu'il y gagna, fut d'éprouver encore moins de ménagements de leur part. Ils le pressèrent durement de remplir toutes les conditions d'un traité dicté par la nécessité, et que de nouveaux malheurs rendaient de plus en plus impossible à exécuter. Enfin, les croisés s'étant assemblés, envoyèrent aux deux empereurs, père et fils, des députés ou ambassadeurs, au nombre de six, dont Geoffroi de Villehardouin était; mais ce fut Conon de Béthune qui porta la parole. Il leur déclara que, s'ils n'exécutaient promptement toutes les conditions du traité, on était prêt à leur déclarer la guerre, et qu'on les traiterait en ennemis, et comme des souverains ingrats et indignes des services qu'on leur avait rendus. Les malheureux princes s'excusèrent du mieux qu'il leur fut possible ; mais leur cour fut indignée de la manière tyrannique dont on en usait avec eux, et de la faiblesse avec laquelle ils y répondaient. Bientôt Alexis fut informé que ses propres sujets faisaient des complots pour le détrôner, et élire à sa place un empereur moins timide ; et, réfléchissant sur son état, il ne trouva d'autre ressource que de se livrer à ces mêmes croisés qui l'avaient d'abord si bien servi, et ensuite si maltraité.

Ce fut par le conseil d'un grand seigneur grec nommé Alexis (et surnommé Murtzufle, parce qu'il avait de très gros sourcils joints ensemble), qu'il se détermina à offrir aux Latins le palais de Blaquerne, dans lequel il demeurait lui-même, et de se remettre entre leurs mains. Dans l'extrémité où l'empereur se trouvait réduit, ils durent le croire de bonne foi, et ils se déterminèrent à accepter ses offres ; mais le traître Murtzufle, dans le même temps qu'il donnait ce perfide conseil à son souverain, faisait avertir secrètement les principaux officiers de sa nation de la résolution où était Alexis de les livrer tous et lui-même aux Latins. C'était à la pointe du jour que ceux-ci devaient venir prendre possession du palais. Pendant la nuit, et tandis que l'empereur était profondément endormi, Murtzufle, qui était son protovestiaire, c'est-à-dire, son grand-maître de la garde-robe, et avait par conséquent les entrées les plus secrètes de la chambre de son souverain, y entra, le surprit dans son lit, et le fit jeter dans un sombre cachot. Après cet acte violent, il garnit de telle sorte le palais de soldats, que, lorsque le marquis de Montferrat se présenta pour en prendre possession, il y trouva une résistance à laquelle il ne devait pas s'attendre, et fut forcé, vu la faiblesse de son détachement, de se retirer dans le quartier assigné aux Latins.

Murtzufle s'étant aussitôt revêtu des ornements impériaux, et s'étant fait couronner à la hâte, mit en défense la ville de Constantinople, dont les Grecs étaient encore les maîtres, et ordonna à tous les habitants de prendre les armes. De leur côté, les Latins se disposèrent à attaquer la ville de nouveau. Mais, pour une telle opération, il était nécessaire de faire de grands préparatifs, et de réunir les chefs et les troupes qui étaient dispersés dans l'empire. Pendant qu'on faisait ces dispositions, et qu'on envoyait à Rome pour informer le Pape de la révolution qui venait de placer un nouvel usurpateur sur le trône des Grecs, Murtzufle, pour se l'assurer absolument, après avoir, à plusieurs reprises, tenté d'empoisonner le jeune Alexis, le fit enfin mourir dans sa prison. Le malheureux Isaac l'Ange, son père, expira presque en même temps, soit du chagrin que lui causa la continuité de ses malheurs, soit que son ennemi eût hâté sa mort, ce qui est fort probable. Murtzufle, sans trop espérer de se justifier de cet attentat, fit publier que les deux princes étaient morts naturellement, et il leur fit faire des obsèques magnifiques.

Cependant les Latins se rassemblaient, et ils ne tardèrent pas à recevoir la réponse du pape Boniface III. Elle portait en substance que Murtzufle était un assassin et un usurpateur ; que ce serait faire une œuvre agréable à Dieu que de le détrôner, et de le punir de ses crimes ; et que les croisés qui contribueraient à la conquête de Constantinople gagneraient les mêmes indulgences que ceux qui recouvreraient la Terre-Sainte sur les infidèles. Tous les bons catholiques, encouragés par cette déclaration, se portèrent avec intrépidité à mettre fin à cette entreprise, dont le succès fit, avec raison, l'étonnement du monde entier. Avant de l'exécuter, il fut convenu entre les croisés du partage de l'empire à conquérir ; et voici comment ce partage fut réglé.

On décida qu'après la prise de Constantinople on choisirait douze électeurs, dont six Vénitiens, et les six autres des nations alliées ; que ces électeurs nommeraient l'empereur latin, qui, conservant pour lui la plus grande partie de la ville de Constantinople et les palais, abandonnerait aux Vénitiens un quartier de cette ville, et une certaine portion de l'empire qui en serait à peu près le tiers; que le reste serait partagé entre les Latins de la nation dont serait l'empereur, et un prince d'une autre nation, qui ferait hommage à l'empereur du pays dont il serait mis en possession ; qu'au surplus le butin fait dans Constantinople après la prise serait partagé également entre les conquérants.

En exécution de cette convention, le jour de l'assaut fut fixé à un vendredi du mois d'avril de l'an 1204. Dans une première attaque, les assiégeants furent repoussés, avec grande perte de part et d'autre. Dans une seconde, qui fut faite trois jours après, les efforts ne furent pas moindres ; mais un heureux accident fit enfin pénétrer les Français dans la ville. Un chevalier, nommé André Durboise, mit en fuite ceux qui gardaient une porte et les obligea à l'abandonner ; les croisés se logèrent dans le beau palais de Blaquerne, et y passèrent la nuit, ne comptant point pourtant être encore maîtres de la ville.

Mais le lendemain matin ils apprirent que l'usurpateur Murtzufle, ne voyant aucun espoir de rétablir ses affaires, s'était jeté dans un petit bateau pour se retirer de l'autre côté du Bosphore. Ces heureuses nouvelles redoublèrent le courage des croisés ; ils marchèrent en avant, et, malgré la résistance que leur opposèrent les Grecs, ils s'emparèrent du palais de Bocaléon, dans lequel ils trouvèrent deux impératrices douairières : l'une Agnès de France, sœur du roi Philippe-Auguste, et veuve des empereurs Alexis et Andronic Comnène ; et l'autre, princesse de Hongrie, veuve du malheureux empereur Isaac-l'Ange.

Le marquis de Montferrat, après avoir rendu à ces dames les respects qui leur étaient dus, pénétra dans Constantinople, où les croisés firent un butin immense, et beaucoup au-dessus des espérances qu'ils avaient conçues du pillage de cette grande et riche ville. L'univers eut lieu de s'étonner de ce qu'une armée forte à peine de vingt mille hommes venait de soumettre la capitale d'un grand empire où il se trouvait quatre cent mille habitants armés.

Il eût été à désirer que la modération des croisés eût mérité autant d'éloges, que leur courage excitait d'admiration, dans cette occasion périlleuse et brillante. Mais ces braves militaires ternirent malheureusement leur victoire par un brigandage affreux et nombre d'actes inhumains. Vainement Dandolo et le brave et sage Villehardouin entreprirent de contenir le soldat vainqueur. Malgré leurs efforts, le désordre fut extrême. Pour comble de maux, le feu prit dans plusieurs endroits de la ville, et consuma la quatrième partie de ce qui restait.

Cet affreux pillage ayant enfin cessé, les Latins s'occupèrent sérieusement du choix d'un empereur de leur nation, pour le faire régner sur les ruines de Constantinople. Les voix se trouvèrent d'abord partagées entre le comte de Flandre et le marquis de Montferrat ; mais elles se réunirent toutes en faveur du premier, aux conditions que le second obtiendrait l'investiture de toutes les terres au delà du Bosphore, et de l'île de Candie, et porterait le titre de roi, en faisant hommage au nouvel empereur, de ce tiers de l'empire, dont les Vénitiens firent encore détacher pour eux une partie assez considérable. Ce fut Nivelon, évêque de Soissons, qui annonça à l'armée des croisés et au peuple grec cette grande nouvelle. Baudouin IX, comte de Flandre, fut couronné le second dimanche d'après Pâques, dans l'église Sainte-Sophie, avec les cérémonies qu'il fut possible de pratiquer dans le désordre des affaires. Le doge de Venise et le nouveau roi reçurent l'investiture des pays qui leur avaient été promis.

Pendant que ces choses se passaient, Murtzufle, qui avait rassemblé quelques troupes, ravageait tout le pays à deux ou trois journées de Constantinople. Le nouvel empereur marcha contre lui, avec Henri son frère, le marquis de Montferrat et le comte de Blois. Le doge de Venise, Villehardouin et quelques autres officiers et généraux restèrent dans la ville pour la garder. Baudouin fut reçu et reconnu sans difficulté dans la belle et grande ville d'Andrinople; et Murtzufle, qui fuyait toujours devant lui, se retira sur Messinople, ville dans laquelle s'était établi cet Alexis, frère d'Isaac l'Ange, qui avait usurpé la couronne, et qui en avait été dépouillé par son neveu, avec l'assistance des Latins. L'ancien usurpateur feignit d'abord de vouloir s'accommoder avec le nouveau, qui l'avait prévenu, en lui faisant entendre qu'il était de leur intérêt de s'unir contre les Latins, et que, dans l'extrémité où ils étaient réduits, c'était le seul parti qu'ils eussent à prendre. Le traître Alexis parut se prêter à cette ouverture; il offrit sa fille en mariage à Murtzufle, l'attira dans Messinople, le traita magnifiquement ; mais à la fin du festin, l'ayant fait entrer dans un cabinet, il le fit arrêter, et par son ordre on lui creva les yeux.

Les Grecs attachés à ce malheureux prétendu empereur prirent tous parti dans les troupes de son assassin ; mais celui-ci ne jouit pas longtemps de son barbare triomphe. L'empereur et son frère l'ayant poursuivi, il fut obligé d'abandonner Messinople, dont Baudouin se rendit maître. Murtzufle, aveuglé, y était resté ; il voulut s'embarquer sur le Bosphore, pour se mettre à couvert d'un supplice qu'il ne pouvait éviter en tombant entre les mains des Latins. Mais il ne put échapper; car ayant été arrêté sur mer et reconnu, il fut conduit à Constantinople, précipité publiquement du haut d'une colonne sur la grande place de l'Hippodrome, et traité ainsi comme l'assassin de son légitime empereur Alexis, fils d'Isaac.

Baudouin se disposait à pousser plus loin ses conquêtes, et à achever de se faire reconnaître souverain de tous les pays soumis à la domination des empereurs grecs, lorsque des démêlés entre lui et le marquis de Montferrat mirent le nouvel empire des Latins à Constantinople à deux doigts de sa perte.

Boniface, marquis de Montferrat, avait, comme nous l'avons dit, reçu l'investiture de l'île de Candie, et d'un assez grand pays par delà le Bosphore, la Thessalie, l'Achaïe, etc. ; mais il s'aperçut bientôt qu'une île, qu'il ne pouvait conquérir faute de vaisseaux, lui convenait peu, et qu'elle serait plus agréable aux Vénitiens, qui étaient une puissance maritime. Il demanda, en échange à Baudouin, Thessalonique et quelques autres provinces qui n'étaient pas fort éloignées des États du roi de Hongrie, son beau-frère, car Boniface venait d'épouser la veuve d'Isaac-l'Ange, sœur du monarque hongrois. L'empereur Baudouin répondit à cette proposition par un deni formel ; et, voulant se conserver ces provinces, il marcha sur-le-champ avec des forces respectables pour se les assujétir, et reçut les serments de fidélité de la ville de Thessalonique, et de quelques autres. Boniface, irrité, jura qu'il ferait la guerre à Baudouin, tout empereur qu'il était, et s'étant avancé vers Andrinople, il s'en saisit sans beaucoup de peine.

Le maréchal de Champagne vit avec la plus grande douleur les Latins divisés, et combattant les uns contre les autres. Il se rendit auprès du marquis de Montferrat, et lui fit les représentations les plus fortes sur l'inconséquence et le danger de sa conduite ; il eut beaucoup de peine à obtenir de lui qu'il s'en rapporterait, pour accommoder ce différend, à la décision du doge de Venise et du comte de Blois.

Du camp de Boniface devant Andrinople, il passa à celui de Baudouin. Celui-ci n'était pas moins piqué, et la prise de Didymotique par le marquis, dont il venait de recevoir la nouvelle, ajoutait encore à son mécontentement. Il fallut toute l'éloquence de Villehardouin pour détourner les terribles résolutions que voulait prendre Baudouin. Mais enfin, mêlant à propos les prières avec les menaces, et faisant sentir à l'empereur que, s'il n'acceptait pas le doge de Venise et le comte de Blois pour médiateurs, il les aurait pour ennemis, il le détermina à remettre ses intérêts entre leurs mains, et à retourner à Constantinople. Dès qu'il y fut arrivé, on songea à y attirer le marquis de Monferrat, et ce fut encore Villehardouin qui en vint à bout, et qui garda en séquestre la ville de Didymotique. Enfin l'accommodement fut conclu. Thessalonique et la province voisine furent abandonnées de bonne grâce à Boniface, qui en resta paisible possesseur; du moins n'eut-il à la défendre que contre les Grecs, et ce fut avec un grand succès ; car, ayant poursuivi l'ancien usurpateur Alexis, qui se tenait encore assez à portée de ces cantons, il le fit prisonnier avec l'impératrice sa femme, les dépouilla des ornements impériaux qu'il envoya à l'empereur Baudouin, et, quant à leurs personnes, il les fit embarquer, et les envoya prisonniers en Italie dans son marquisat de Montferrat.

Le reste de l'année 1604, et une partie de la

suivante, furent employés, d'un côté, par Baudouin, et, de l'autre, par le marquis de Montferrat, à poursuivre et à assurer leurs conquêtes contre les Grecs, et particulièrement contre Théodore Lascaris, gendre de l'usurpateur Alexis, qui avait pris le titre d'empereur, et était en état de le soutenir par ses talents, et par le mérite militaire de son frère Constantin Lascaris, dont il avait fait son général. Baudouin investit du duché de Nicée Louis, comte de Blois et de Chartres, qui s'engagea à recouvrer ce beau pays sur Lascaris. Renaud de Tries fut également investi, et aux mêmes conditions, du duché de Philippopoli.

Pendant ce temps, le marquis de Montferrat continuait ses conquêtes dans une partie de la Romanie, et jusque vers les frontières de l'ancienne Macédoine. Il prit Berée et Larisse, et assiégea longtemps Napoli de Romanie.

Le seigneur de Champlite, de l'illustre maison des comtes de Champagne, s'étant embarqué pour la croisade, et ayant été jeté par les vents contraires sur les côtes de la Morée, le maréchal de Champagne lui envoya son neveu, nommé comme lui Geoffroi de Villehardouin, pour l'engager à s'emparer, sur les Grecs, de l'Achaïe, promettant de l'en faire investir par l'empereur Baudouin. Champlite adopta volontiers ce projet ; la négociation et la conquête réussirent également. Le comte champenois resta jusqu'à sa mort prince d'Achaïe ; et, n'ayant point d'enfants, sa principauté passa au jeune Geoffroi de Villehardouin. Elle a été conservée dans la branche de ce dernier pendant plusieurs générations.

Enfin les Grecs, poussés de toutes parts par les Latins et réduits aux plus tristes extrémités, eurent recours aux Bulgares, leurs plus cruels et leurs plus mortels ennemis ; ils les engagèrent à s'emparer de la ville de Didymotique, d'où ils pénétrèrent bientôt jusqu'aux portes d'Andrinople. L'alarme fut si grande dans cette partie de l'empire, que tout ce qu'il y avait de Latins chercha à se réfugier auprès de l'empereur. La garnison de Philippopoli abandonna cette place, et les barbares surprirent Andrinople. Baudouin alors, ayant assemblé son conseil, composé du doge de Venise et des plus sages et des plus habiles généraux qui étaient à portée de le seconder, résolut de marcher contre le roi de Bulgarie; mais il s'en fallait de beaucoup qu'il eût auprès de lui des forces suffisantes pour exécuter ce projet. L'armée des Latins était considérablement diminuée par les détachements confiés aux généraux dont nous avons parlé, pour s'emparer des concessions qui leur avaient été faites, et ce qui restait de troupes était absolument nécessaire pour la défense de la capitale; aussi le dessein d'aller reprendre Andrinople fut-il contredit dans le conseil par le sage Dandolo, qui représenta avec force tous les dangers d'une pareille entreprise dans la situation critique où se trouvaient les Latins. Mais l'empereur et le comte de Blois s'y déterminèrent, malgré l'opinion contraire.

Geoffroi de Villehardouin prit les devants avec un corps de troupes. Comme il s'approchait d'Andrinople, il découvrit les étendards des ennemis arborés sur les tours, preuve que les Bulgares en étaient les maîtres. Il campa à peu de distance de la ville, après avoir fait avertir le prince Henri, frère de l'empereur, et tout ce qu'il y avait de chefs latins à portée de lui, de se rendre promptement au camp impérial, avec le plus de forces qu'ils pourraient amener.

Peu de temps après, le doge et les Vénitiens vinrent camper auprès du maréchal de Champagne ; l'empereur même et le comte de Blois ne tardèrent pas à arriver, et presque aussitôt on apprit que le gros de l'armée des Bulgares, à laquelle s'étaient joints certains peuples infidèles qu'on appelait les Comains, s'avançait, sans doute pour présenter la bataille aux Latins. L'empereur et le comte de Blois, piqués de l'audace de ces barbares, résolurent d'aller eux-mêmes les attaquer ; et les prudentes remontrances du Doge et du maréchal ne furent pas capables de les retenir. Ils sortirent imprudemment de leurs lignes, avec le peu de troupes qui étaient immédiatement sous leurs ordres, pour tomber sur les Comains. Ceux-ci lâchèrent le pied, et se retirèrent en désordre l'espace de deux lieues, pour attirer les princes dans un défilé, où bientôt ils furent enveloppés, et payèrent cher la faute qu'une valeur et un zèle excessifs et téméraires leur firent commettre. Le comte de Blois fut d'abord blessé ; et, n'ayant jamais voulu se séparer de l'empereur, il reçut enfin la mort à ses côtés. L'infortuné Baudouin, abandonné du petit nombre de ses gens qui n'avaient pas péri dans le combat, fut fait prisonnier, chargé de fers, et conduit au roi des Bulgares.

Cette affreuse nouvelle, portée au camp du doge et du maréchal, les plongea dans la plus vive douleur. Cependant ils ne perdirent ni la tête ni le courage. Geoffroi de Villehardouin fit une retraite dont la disposition ne pouvait être l'ouvrage que d'un général habile et expérimenté. Le sage Dandolo l'approuva, et suivit le maréchal, qui prit le poste délicat de l'arrière-garde. Ils eurent le bonheur de dérober deux marches à l'ennemi, et arrivèrent à Rodosto. Ce fut là que les joignirent le prince Henri et plusieurs autres chevaliers et chefs des Latins, qui abandonnèrent toutes leurs possessions, pour renforcer l'armée ; elle rentra heureusement dans Constantinople. Henri de Flandre y fut d'abord déclaré régent de l'empire, et le bruit ne tarda pas à se répandre que Baudouin était mort dans sa prison. Les uns prétendirent que sa mort fut très cruelle, d'autres soutinrent qu'elle avait été naturelle. On rapporte que le bruit courut, quelques années après, que Baudouin n'était pas mort; et un imposteur osa se présenter au roi de France Philippe-Auguste, comme étant cet empereur. Ce ne fut qu'après avoir donné le temps à cette triste nouvelle de se confirmer, qu'on pensa à couronner Henri empereur ; et il n'était encore que régent, lorsque mourut à Constantinople l'illustre et sage doge de Venise Dandolo. Il était âgé de 97 ans, presque entièrement privé de la vue depuis plusieurs années ; mais il n'avait rien perdu de ses talents pour la guerre et pour la politique.

Le roi des Bulgares continuait à faire des conquêtes et des ravages sur les terres de l'empire latin de Constantinople. Heureusement que l'excès de ses barbaries le rendit encore plus odieux aux anciens sujets de l'empire grec, que ne pouvaient être les Latins, presque absolument réduits à la capitale. La fin de l'année 1205 et la meilleure partie de la suivante furent employées à livrer des combats continuels, dans lesquels Andrinople, Didymotique, Rodosto, et plusieurs autres grandes villes furent prises et reprises.

Au mois d'août 1206, Henri, ne se trouvant que trop assuré de la mort de son frère, fut couronné empereur dans la grande église de Constantinople, avec toute la pompe que les circonstances purent permettre. Il continua de faire la guerre au barbare Jean, roi des Bulgares; et il y trouva d'autant plus de facilité, que, comme nous venons de le dire, les Grecs même étaient las d'un allié cruel, qui dévastait et ruinait tous les pays dans lesquels il pouvait pénétrer. Théodore Lascaris, qui soutenait les restes de l'empire grec de l'autre côté du Bosphore, et occupait nécessairement une partie des troupes des croisés, consentit à une trêve de deux ans avec Henri son compétiteur, car l'un et l'autre prenaient le titre d'empereur. Théodore était le plus considérable et le plus sage de tous les Grecs échappés de Constantinople : il avait épousé la fille de l'usurpateur Alexis-l'Ange Comnène.

Quoique cette trêve ne fût pas fidèlement observée tout le temps qu'elle devait durer, elle donna cependant quelque repos aux Latins, et les mit dans le cas d'écarter pour un temps les Bulgares, et de se rapprocher de Boniface, marquis de Montferrat, qui occupait toujours Thessalonique, mais qui, depuis plus d'une année, était tellement séparé de Baudouin, que, malgré tous ses efforts, la communication n'avait pu être rétablie entre ces deux princes. Boniface avait versé des larmes abondantes et sincères en apprenant la mort de Baudouin ; il avait paru très satisfait de voir Henri succéder à son frère ; et, pour prouver au nouvel empereur quels étaient ses sentiments, il lui fit proposer sa fille en mariage. C'était une jeune et belle princesse, que Boniface avait eue d'un premier mariage, et qu'il avait laissée en Italie. Il la manda, elle passa les mers, et arriva heureusement dans un port du Bosphore, où le maréchal de Villehardouin fut chargé de l'aller recevoir. Il la conduisit, avec sûreté et avec tous les honneurs qui lui étaient dus, jusqu'à Constantinople, où son mariage fut célébré l'an 1207 avec magnificence, à la grande satisfaction de tous les Latins.

Peu de temps après, l'empereur étant rentré en campagne, et voyant qu'il pouvait pénétrer jusqu'aux confins du royaume dont son frère avait investi le marquis de Montferrat, reçut avec grand plaisir la proposition que lui fit ce prince d'une entrevue sur le bord d'une petite rivière nommée Sycella, sur laquelle était située la ville de Messinople. Le jour ayant été pris, la conférence eut lieu, et le beau-père et le gendre se donnèrent réciproquement les témoignages de la plus sincère amitié. Henri reçut l'hommage-lige de Boniface pour le royaume de Thessalonique; et, dans cette grande occasion, les deux souverains ayant fait les distributions de diverses seigneuries à leurs principaux vassaux, amis et compagnons d'armes, le maréchal de Champagne et de Romanie eut part à ces libéralités. On l'investit des villes de Serres et de Messinople. Il paraît qu'il profita de ce don, et s'établit tout à fait dans la Romanie. Nous croyons qu'il y passa le reste de ses jours, puisque l'histoire nous fournit des preuves qu'il y était encore cinq ou six ans après, c'est-à-dire en l'année 1212; mais ses Mémoires finissent à l'époque où nous sommes arrivés, en 1207.

Les nouvelles de la rupture de la trève, jurée par les Grecs soumis à Théodore Lascaris, et celles de quelques nouveaux préparatifs de guerre faits par les Bulgares, les Valaques et les Comains, obligèrent l'empereur Henri à s'opposer aux premiers, et déterminèrent le brave marquis de Montferrat à marcher au devant des barbares, et à aller les relancer jusque dans les gorges du mont Rodope.

L'exécution de ce projet fut certainement un acte de valeur et d'intrépidité, mais en même temps, un trait d'imprudence — aussi grand que celui qui avait causé la perte de l'empereur Baudouin. Il fut pareillement funeste au marquis de Montferrat. S'étant témérairement engagé dans un défilé, les barbares, qui avaient feint de fuir devant lui, l'enveloppèrent bientôt, et dans le combat il reçut un coup de lance vers l'épaule, d'où le sang sortit à gros bouillons. Les guerriers qui l'accompagnaient furent également effrayés et découragés de cet accident. Les uns prirent la fuite, les autres s'empressèrent à le secourir, d'autant, qu'ayant perdu tout son sang, il était tombé évanoui. Ces bons serviteurs furent la victime de leur zèle ; les barbares les tuèrent tous, coupèrent la tête au marquis de Montferrat, et la portèrent au cruel Jean, où

Joanissa, roi des Bulgares, qui peut-être en fit le même usage que de celle de l'empereur Baudouin, dans le crâne de laquelle on prétend qu'il buvait, en guise de coupe, après l'avoir fait enchâsser dans de l'or.

Villehardouin paraît si désespéré de la perte de Boniface, qu'il n'ose pousser son histoire plus loin, ni en raconter les suites. Comme nous n'avons voulu donner aussi que l'extrait de ce qu'a écrit le bon maréchal de Champagne, nous nous arrêterons avec lui. Mais on trouvera, dans l'histoire des révolutions de l'empire de Constantinople, de quoi suppléer à notre silence. On y verra l'empereur Henri faire la paix avec les Bulgares, et épouser la fille de leur roi, après la mort de celle du marquis de Montferrat ; le royaume de Thessalonique disputé par Démétrius, second fils de Boniface et de la veuve d'Isaac-l'Ange, à Guillaume, fils aîné du marquis, mais d'un autre lit ; l'ancien usurpateur Alexis sortir des prisons où le marquis l'avait fait renfermer, tenter de nouveaux et inutiles efforts pour reprendre une couronne qu'il n'avait jamais eu droit de porter.

L'empereur Henri mourut en 1216, et eut pour successeurs trois princes de la maison de France, de la branche de Courtenay; après quoi, l'empire des Latins à Constantinople prit fin.

APPENDICE

GENEVIÈVE DE BRABANT

Beaucoup d'écrivains se sont exercés sur ce sujet plein d'intérêt. Des poèmes, des drames, des légendes, des ballades, ont été écrits dans toutes les langues chrétiennes sur cette jeune sainte, qui a sa place au 2 avril, dans le Martyrologe de Molanus.

Nous croyons que notre récit est le plus conforme à la vérité historique. Tout le monde connaît le drame de Cicile. Mais en Allemagne Tiek a fait de Geneviève de Brabant une tragédie où la scène est reculée au temps de la croisade de Charles-Martel, contre les Sarasins envahissant le midi de la France.

Golo, dans ce drame, est un noble et courageux chevalier, élevé par les soins de Sifroi ou Siegfried, respecté par tous ses égaux, et chéri de tous ceux qui le connaissent. Mais il a conçu une passion ardente pour Geneviève ; et le départ du Comte, en lui laissant entrevoir quelque espérance, donne à cette passion une nouvelle force.

Nous empruntons à une savante analyse (que nous croyons anonyme) de ce drame célèbre quelques passages :

Un jour il aperçoit le portrait de la jeune femme ; et il s'écrie devant elle : Oh ! si ce portrait était vivant, il n'y aurait plus de repos pour moi jusqu'à ce qu'il m'appartînt, dussé-je le ravir à son sanctuaire !

Golo déclare sa passion insensée ; Geneviève, qui d'abord ne le comprend pas, le repousse enfin et se réfugie dans la prière.

« Quelques jours plus tard, il est seul dans le jardin ; Geneviève y entre ; et il arrive une seconde scène, où la chaste épouse de Siegfried se montre dans toute la candeur de son innocence, et Golo dans toute l'impétuosité de son caractère.

» Ces deux scènes n'ont fait qu'enflammer de plus en plus la passion du malheureux Golo ; la résistance que Geneviève lui oppose excite dans son cœur une colère implacable. Il faut que ses vœux s'accomplissent ; ou il n'aura pas honte de recourir à la calomnie, de déshonorer publiquement la femme de son maître. Un matin, Geneviève est dans sa chambre, occupée avec Drago à lire de pieuses légendes ; Golo entre tout à coup, suivi de plusieurs serviteurs, et s'écrie en montrant la Comtesse et Drago :

» — Vous voilà vous-mêmes témoins de ce que je vous avais dit. Tandis que tout le monde dort, moi je veille. J'ai pour mission de garder l'honneur de mon maître ; emparez-vous des deux coupables.

» — Hélas ! Golo, dit Geneviève, comment as-tu pu tomber si bas !

» On renferme Drago dans un cachot, Geneviève dans un autre. Là, la malheureuse femme accouche d'un fils ; et, abandonnée de tout le monde, privée de vêtements, elle est obligée de déchirer sa robe pour couvrir son enfant. Car Golo est sourd à toute pitié ; et, après avoir inutilement cherché à séduire la Comtesse par ses protestations d'amour, à l'effrayer par ses menaces, à la vaincre par les rigueurs de la prison, il se résout à la faire mourir pour l'empêcher de l'accuser de déloyauté devant son mari. Il envoie à Siegfried un de ses affidés, à qui il a donné toutes ses instructions. Siegfried était malade, lorsque Benno, le séide de Golo, arrive. En apprenant que sa femme lui est devenue infidèle, le malheureux chevalier éclate en sanglots et en cris de désespoir : — Pourquoi voulez-vous que je vive? dit-il à ceux qui cherchent à le soutenir. J'ai perdu mon honneur ; mon honneur, c'est ma vie. Je suis mort, quoique je respire encore ; mes membres ont conservé leur mouvement ; mais je n'existe plus. Ma femme, pour laquelle j'avais tant d'amour et de vénération, ma femme qui pleurait sur mon sein à l'heure où j'allais partir, ma femme m'a déshonoré. Elle m'a déchiré le cœur ; maintenant je n'ose plus me fier à moi-même, car je la regardais comme tout ce qu'il y avait de meilleur et de plus noble au monde. J'étais son miroir, elle était mon bonheur. Maudit soit son nom! Maudite chaque pensée qui se rattache à elle!... Je suis épuisé,.. les forces me manquent...

» Cependant la guerre est finie. Charles-Martel ramène en triomphe ses troupes victorieuses. Siegfried reprend le chemin de son pays, et Golo va l'attendre à Strasbourg. Là, dans la crainte que le Comte, par un retour de réflexion, n'en soit venu à douter de la fable qu'il a inventée sur Geneviève, il gagne à prix d'or une femme adonnée à la magie ; puis il emmène le Comte chez elle ; et la sorcière, après avoir allumé ses feux fantastiques et préparé ses conjurations, place Siegfried et Golo devant un miroir où Geneviève apparaît, causant familièrement avec Drago, puis s'asseyant auprès de lui, et se jetant dans ses bras — Monte à cheval, s'écrie alors Siegfried; monte à cheval, Golo; cours devant moi ; prononce la condamnation de l'infâme ; il ne faut pas qu'elle soit en vie quand j'arriverai ; je ne veux pas entrer dans ma demeure tant que cette vipère envenimée respirera.

» Golo se hâte de faire exécuter la sentence. Il remet Geneviève entre les mains de Benno et d'un charbonnier, qui l'emmènent dans la forêt pour la tuer. Cette scène est un peu longue peut-être, mais belle de détails et intéressante par la résignation toute religieuse de Geneviève et le sentiment de repentir ou plutôt de compassion qui saisit peu à peu le charbonnier.

» BENNO. Nous voici arrivés. Arrêtons-nous.

» GRIMOALD. Quelle triste et effrayante solitude! Vous ne dites rien, madame la Comtesse?

» BENNO. Que pourrait-elle dire? La conscience la tourmente; il faut qu'elle meure en silence.

» GRIMOALD. Ce lieu peut bien éveiller de sombres pensées et rappeler l'image de la mort. On est ici comme dans un cimetière.

» GENEVIÈVE. O mon Dieu, puisque telle est votre volonté, je viens ici, pauvre femme, comme un autre Abraham. Que le sacrifice de mon enfant se fasse! Je me soumets à vos decrets. Mais qu'il me soit permis de pleurer. Les larmes, en voilant mon regard, me cacheront ce malheur affreux. Je ne veux pas vous demander grâce pour lui. Je subirai l'épreuve à laquelle vous me condamnez. A peine ai-je pu l'appeler mon enfant ; à peine me l'aviez-vous donné comme ma dernière consolation, que je dois me le voir enlever. Mais la mère et l'enfant ne veulent pas se séparer. Tout ce que je désire, hélas ! c'est que le même coup de poignard nous jette dans le même tombeau.

» Benno. Préparez-vous à mourir.

» Geneviève. Je ne veux pas vous échapper.

» Benno. L'enfant mourra d'abord ; vous ensuite.

» Geneviève. Je ne murmure pas. Mais laissez-moi mourir doucement. Vous n'entendrez pas un cri de ma bouche, pas une prière. Je suis résignée. Prenez donc l'enfant et faites ce que vous voudrez. Il me regarde encore ; il étend ses bras vers le sein qui l'a nourri. Encore un baiser ; encore un.... et puis prenez-le.

» Benno. Allons, tire ton couteau, lâche Grimoald.

» Grimoald. L'air du matin me fait trembler ; mais ce sera bientôt passé.

» Geneviève. Arrêtez ; oh ! arrêtez. Jamais je ne pourrai souffrir un tel spectacle ; jamais mon œil ne pourra voir égorger ce pauvre agneau. Non, ce serait plus cruel que la mort ; il n'y a pas une mère capable de supporter ce martyre. Prenez votre poignard ; frappez-moi la première ; que mon sang se mêle à celui de mon enfant ; et mes derniers soupirs ne vous accuseront pas devant ce Dieu qui voit tout et qui voit aussi les tortures de mon âme. O Benno, que t'ai-je fait pour mériter que tu me traites ainsi ? Oh ! voyez comme mon pauvre enfant étend les mains vers ce poignard dont la lame brillante sourit à son regard. Les pierres mêmes seraient touchées de le voir. Comment les hommes peuvent-ils être si cruels ?

» BENNO. Silence ! préparez-vous à mourir

» GENEVIÈVE (*à Benno*). Tu n'échapperas pas à la justice de Dieu. Tu demeures sans pitié, et tu le trouveras aussi sans pitié. *(A Grimoald.)* Et toi qui viens aider à commettre ce meurtre, n'es-tu pas venu plusieurs fois au château ? Ton visage ne m'est pas étranger.

» GRIMOALD. Non, madame, c'est vrai : je portais du charbon au château, et vous m'avez souvent honoré d'un regard ; souvent vous m'avez donné du vin et de l'argent. J'ai ressenti une grande douleur, quand on m'a appris le crime dont vous vous étiez rendue coupable.

» GENEVIÈVE. Je prends Dieu à témoin de mon innocence. Qu'il me punisse, si jamais j'ai oublié la fidélité que je dois à mon époux. Oh ! vous êtes dans l'erreur, et vous vous rendez complice du crime de celui qui a cherché à me séduire.

» BENNO. Allons, ce ne sont là que des paroles en l'air.

» GRIMOALD. Non, laisse-la continuer, je veux savoir la vérité, et ne pas pécher par ignorance.

» GENEVIÈVE. Un méchant homme a ourdi toute cette trame, parce que je ne voulais pas oublier la parole de Dieu, parce que je tenais à mes devoirs plus qu'à la vie.

» BENNO. Le couteau est aiguisé. Il faut mourir.

» GRIMOALD. Arrière, misérable ! ou je te plonge cette lame dans la poitrine. Laisse-la parler.

» Geneviève. Oh ! tu es bon ; tu es pour moi une consolation inespérée dans ce sombre désert. Aie pitié de moi et de mon enfant ; je t'en prie à genoux, aie pitié. Je ne peux pas mourir, je suis innocente, aussi innocente du crime dont on m'accuse que cet enfant. Oh ! ne répandez pas notre sang, car il crierait vengeance contre vous au pied du trône de Dieu. Voyez comme le soleil tarde à paraître. Le flambeau du monde ne veut pas être témoin d'une action dont vous vous repentirez sans cesse. Vous voulez donc vous résoudre, avec votre cœur d'homme, à faire couler mon sang, et vous le verriez couler ! Mais regardez comme les arbrisseaux de la vallée se balancent et mugissent ! On dirait qu'ils répondent à mes plaintes, qu'ils sont attendris par mes prières. Et tu pourrais laisser ton âme s'endurcir ? N'ai-je donc pas assez souffert ? Je n'ai pas pu me réjouir de la naissance de mon enfant, il n'y avait personne auprès de moi pour me tendre une main secourable, personne pour m'encourager. Mon fils pleurait dans mes bras, et je ne pouvais saluer sa bienvenue que par des pleurs. Ainsi nous gémissions tous les deux ; et pas un être ne songeait à nous donner le moindre soulagement. Il n'y avait point de lit dans cette tour froide et humide où l'on m'avait renfermée. Je n'avais ni linge, ni vêtement ; je ne pouvais qu'à peine allaiter mon enfant, et je manquais de ce qui ne manque pas au mendiant. Aujourd'hui on veut me faire mourir, parce qu'on redoute la colère de mon époux. Ne suis-je pas assez misérable ? Ah ! laissez-moi vivre ! Au nom de mon fils, laissez-moi vivre ! car c'est là mon bien, ma joie ; c'est là ce qui remplace mon époux, le monde, la fortune. Oh! laissez-moi vivre, pour que je puisse élever ce pauvre enfant dans l'amour et la crainte de Dieu.

» Benno. Tu pleures, lâche que tu es ; je le dirai à Golo.

» Grimoald. J'ai dévoré mes larmes tant que j'ai pu, car je me sentais honteux de pleurer ; mais elles éclatent malgré moi ; tu peux le dire à Golo ; dût-il me tuer, je ne suis pas une bête sauvage comme toi, comme lui. Éloigne-toi malheureux, je te le répète encore, où je te prends par la ceinture et c'en est fait de toi... Tâche de te calmer. — Jette là ce couteau. — Bien, à présent, je peux te laisser vivre ; mais autrement tu ne l'as pas mérité.... Hélas ! ma bonne dame, si nous vous donnons la vie.... que ferez vous ?

» Geneviève. Avant tout, je te remercierai d'avoir été si bon envers moi et envers mon enfant ; tu as sans doute aussi des enfants ?

» Grimoald. Ne parlons pas de cela. J'avais un fils unique ; il est mort dans la guerre contre les Sarasins.

» Geneviève. En voici un qui le remplace.

» Grimoald. Mais dites-moi, où pouvez-vous aller ?

» Benno. Si nous vous laissons la vie, vous ne devez plus reparaître parmi nous ; autrement Golo nous ferait mourir dans les tortures.

» Geneviève. Je ne retournerai plus parmi les hommes ; je sais qu'on ne doit pas attendre d'eux sa consolation. Non, je me retirerai au fond de ces montagnes, dans ces déserts où l'on ne trouve pas de trace humaine. Ma vie se passera dans la solitude ; ce sera mon bonheur, mon appui, et plus ma retraite sera loin du monde, plus je l'aimerai.

» GRIMOALD. Eh bien! allez, ma noble dame, voilà votre enfant. Ah, comme il me regarde en souriant!... Et moi j'ai le cœur léger, comme quand on vient de faire une bonne action.

» GENEVIÈVE. Adieu donc ! que le Ciel vous bénisse! Viens commencer ton pèlerinage, ô mon pauvre enfant. (*Elle s'éloigne.*)

» Dans une des scènes suivantes, Geneviève apparaît au milieu du désert, effrayée de sa solitude, manquant de nourriture, et implorant, comme Agar, la miséricorde de Dieu pour son fils. Une biche arrive, se penche auprès de l'enfant, et l'allaite; puis un loup apporte à la malheureuse mère une peau d'agneau dont elle se sert pour couvrir les membres nus de son fils. Cette rencontre avec le loup est racontée, dans la tradition allemande, de la manière la plus naïve. Geneviève, en le voyant venir, et en lui prenant la peau d'agneau, ne peut s'empêcher de lui faire une leçon de morale; elle lui reproche ses cruautés, ses déprédations ; et le loup l'écoute en baissant humblement la tête, puis s'en va d'un air tout contrit[1].

» Plusieurs années se passent : Siegfried est revenu dans son château, mais le cœur triste, le front soucieux. L'image de sa femme le poursuit partout ; le souvenir de sa douceur angélique, de ses vertus, lui rend de jour en jour plus suspect le récit de Golo. Puis des rêves horribles le tourmentent;

---

[1] Le chanoine Schmid habille l'enfant d'une peau de chevreau, que Geneviève arrache à un renard.

l'ombre du vieux Drago, son fidèle serviteur, lui est apparue dans son sommeil, et lui a reproché sa faiblesse ; on lui a remis une lettre que Geneviève lui écrivait au moment où on allait l'emmener dans la forêt pour la faire mourir ; et cette lettre est pleine des plus douces protestations d'amour et de fidélité. Enfin un jour arrive où tous les secrets pressentiments du Comte se confirment, où le crime est dévoilé. La vieille femme de Strasbourg, qui lui a montré, dans un miroir, l'image de Geneviève avec celle de Drago, est arrêtée comme sorcière et condamnée à mort. Avant de monter sur l'échafaud, elle demande à faire un dernier aveu, et elle révèle à Siegfried l'infernale trame de Golo, et la part qu'elle y a prise.

» Mais le coupable a eu soin de se dérober d'avance aux poursuites que l'on pourrait exercer contre lui. Dès qu'il a vu Siegfried chanceler dans son premier ressentiment contre Geneviève, il est allé se renfermer dans une retraite ; il a emmené, un soir, Benno, le dernier témoin de son crime, au-dessus d'une montagne, et l'a précipité dans l'abîme. Siegfried, désespérant de s'emparer de lui par la violence, a recours à la ruse ; il lui envoie des lettres pleines de bienveillance, et l'invite à venir le voir. Golo se laisse tromper par ces apparences d'affection ; d'ailleurs sa solitude le fatigue ; le remords l'obsède dans les salles désertes de sa demeure ; il espère s'étourdir dans le tumulte du monde, et revient chez Siegfried. Une grande chasse est ordonnée pour le lendemain. Golo en fait partie. Le Comte s'éloigne de ses compagnons ; entraîné à la poursuite d'une biche qu'il a déjà rencontrée plusieurs fois, la biche l'emmène dans la grotte de Geneviève.

» SIEGFRIED. Seigneur Dieu! Que vois-je? Un revenant dans cette montagne! Il reste là; il ne fait aucun mouvement. Si tu es une créature vivante, montre-toi.

» GENEVIÈVE (*priant sans le voir*). Je vous salue, Marie, sainte Mère de Dieu.

» SIEGFRIED. Si tu es l'œuvre de Dieu, montre-toi.

» GENEVIÈVE. Je suis l'œuvre de Dieu; mais je n'ose me montrer; je suis une pauvre malheureuse femme toute nue. Si vous voulez que je paraisse devant vous, jetez-moi d'abord votre manteau pour me couvrir.

» SIEGFRIED. Voilà mon manteau. Avance; parle... Mais, au nom de Dieu, tu m'effraies : qui es-tu? Comment te trouves-tu ainsi dans cette grotte solitaire, où jamais homme n'a mis le pied ? D'où vient que cette biche obéit si bien à tous tes mouvements ?

» GENEVIÈVE. Hélas! pardonnez-moi ; j'ai été effrayée aussi en vous voyant paraître. Jamais je n'ai rencontré aucun être vivant dans ce désert; c'est Dieu qui vous a amené auprès de moi.

» SIEGFRIED. Qui es-tu? Comment t'appelles-tu? As-tu toujours habité ce désert? Ou ta vie a-t-elle été autrefois plus belle? Hélas! tu me causes une telle pitié, que je puis à peine m'empêcher de pleurer.

» GENEVIÈVE Oh! oui, j'ai connu des jours meilleurs. Je suis une fille du Brabant ; et j'ai cherché un refuge dans ces montagnes, parce que l'on voulait me faire mourir, moi et mon enfant.

» Siegfried. Comment cela est-il arrivé? Combien y a-t-il de temps?

» Geneviève. J'étais l'épouse d'un noble seigneur; on lui fit croire que je lui étais devenue infidèle. Dans sa colère, il ordonna qu'on me mît à mort avec mon fils. Mais les meurtriers m'accordèrent la vie, à condition que je me retirerais dans cette solitude et que je ne reparaîtrais plus devant mon époux; il y a de cela sept ans.

» Siegfried. Est-il possible?.... J'ai beau vous regarder.... je ne vous connais pas. Je ne vous ai jamais vue.... Non, cela ne se peut ..... Dites-moi donc votre nom et celui de votre époux.

» Geneviève. Mon époux :.... hélas! mon Dieu, il s'appelle Siegfried. Et moi je suis la malheureuse Geneviève. (*Siegfried tombe à la renverse.*) Ces paroles l'ont-elles fait mourir? O Siegfried, mon noble cœur, relevez-vous!

» Siegfried (*à genoux*). O Geneviève, c'est vous! ô mon Dieu! Vous m'avez donc pardonné? Non; non! laissez-moi rester à genoux, je ne veux pas me lever, ni me consoler, mais vous voir ainsi, et baiser vos saints pieds tout nus. Hélas! comment la terre peut-elle encore me porter? Comment pourriez-vous me pardonner? Non, jamais. C'est moi qui suis la cause de toutes vos douleurs. C'est moi qui vous ai fait perdre ainsi votre jeunesse. Vous ici! Je puis à peine en croire mes yeux. Non, quand je passerais des années entières dans des abîmes de soufre enflammé; quand je souffrirais la faim, la soif, le froid, la nudité; quand je vivrais parmi des serpents et des scorpions, je ne pourrais pas expier le mal que je vous ai fait. Oui, je veux pleurer, pleurer à vos pieds. O Geneviève, m'est-il encore permis de prononcer votre nom sacré? Puis-je élever mes regards jusqu'à vous ? Ne repousserez-vous pas avec mépris votre meurtrier ? Mais, au nom de Jésus-Christ, au nom de ses plaies et de ses souffrances, pardonnez. Je ne me relèverai pas jusqu'à ce que j'aie obtenu mon pardon, dussé-je rester ici éternellement, et voir mon corps prendre racine dans ce sol ! Ayez pitié de moi ; car je n'oserais pas mourir et reparaître devant Dieu, avant que vous m'ayez dit, vous-même, que vous me pardonnez.

» GENEVIÈVE. Je mêle mes larmes aux vôtres.... Ne vous affligez pas ainsi. — Mes sanglots m'empêchent de parler. — Siegfried, ne vous affligez pas ainsi ; car mon cœur se déchire en vous voyant pleurer. — Courage donc! Levez-vous. Ce n'était pas votre faute; c'est le Ciel qui a voulu, pour le salut de mon âme, m'amener dans ce désert. — Je vous pardonne avec joie, et il y a longtemps que je vous ai pardonné. Dieu veuille aussi avoir pitié de nos fautes et nous recevoir dans son royaume !

» SIEGFRIED. Ainsi il m'est donc encore permis de presser cette main chérie, de contempler votre visage. — Mais non, tant que je vivrai, il n'y aura point de consolation pour moi... Est-ce donc là cette tête qui ressemblait à l'image d'un ange ? Où sont les roses de ses joues, et le frais coloris de ses lèvres !... Hélas ! combien de souffrances! Je n'ose plus te parler, ô ma sainte Geneviève... Me permettras-tu de prononcer ce mot si doux d'autrefois, ce mot d'amour?... Et notre enfant? Notre pauvre enfant! Où est-il? Dieu me l'a-t-il aussi conservé?

» GENEVIÈVE. Oui, il a fait pour lui un miracle. En arrivant dans ce désert, je croyais le voir mourir, car je n'avais plus de lait à lui donner. Mais Dieu lui a envoyé cette nourrice, cette bonne biche qui lui a tendu ses mamelles.

» SCHMERZENREICK[1] (*entrant avec une provision de racines*). Tiens, ma mère, je t'apporte de la nourriture.... Mais regarde, que vois-je donc auprès de toi? J'ai peur.

» GENEVIÈVE. Ne crains rien, approche;.. approche. Cet homme ne te fera pas de mal.

» SIEGFRIED. Une voix intérieure me dit que c'est mon fils.

» GENEVIÈVE. Oui, c'est lui.

» SIEGFRIED. Ainsi habillé avec cette peau de mouton... Oh! si je survis à ces émotions de la journée, je puis tout braver. Viens donc, mon enfant; viens, n'aie pas peur de moi... Veux-tu donc fuir ton père? Ah! sans doute tu as bien raison de le craindre, de ne pas l'aimer. — Mais ta mère m'a pardonné. Pardonne-moi aussi! Viens, mon enfant; viens, que je t'embrasse.

» GENEVIÈVE. Vois-tu; c'est ton père, va près de lui, et tends-lui la main.

» SIEGFRIED. Viens dans mes bras, sur mon sein, ô ma douce âme d'enfant, regarde-moi. — Quels beaux yeux clairs! C'est un miroir où je vois le temps passé, Geneviève,

---

[1] C'est le nom assez peu gracieux que Tick donne à l'enfant, qui, dans toutes les légendes, est appelé Bénoni.

et le jour de mon mariage, tout autour de nous le bonheur et le ciel sur notre tête. O mon Dieu.... Mon trésor dans ce monde, Geneviève et mon enfant, je retrouve tout à la fois... Mon Dieu, que j'ai le cœur léger et lourd en même temps ! Faut-il me réjouir, faut-il me plaindre et redire mes plaintes à tous les rochers ? Nous sommes seuls ici. Je veux appeler mes gens, afin qu'ils prennent part à mon bonheur, et que leurs cris de joie retentissent à travers ces montagnes.

» Geneviève est reconduite en triomphe au château. Golo est arrêté et condamné à mort, malgré l'intercession de celle qu'il a si cruellement offensée. Mais le Comte ne jouit pas longtemps du bonheur d'avoir retrouvé son épouse. Elle tombe malade, languit, et meurt avec un chant d'amour et de miséricorde sur les lèvres.

» Puis nous voyons reparaître saint Boniface, qui canonise lui-même la noble femme de Siegfried, en s'écriant à la fin de la pièce :

Ora pro nobis, sancta Genoveva.

» Ainsi se termine cet étrange poëme, auquel on ne sait trop quel nom donner : car il n'a pas la forme de l'épopée, encore moins celle d'une œuvre didactique, et il n'est pas coupé par actes et par scènes comme une pièce de théâtre. Mais dans les événements qu'il retrace, dans son action et dans son dénouement, il porte le caractère de drame. C'est un drame religieux comme les anciens mystères, mais plein d'art, de poésie, de chaleur ; un drame écrit d'un style pur et nerveux, et qui reproduit non seulement le caractère intime des œuvres du moyen-âge, mais jusqu'à leur autre lyrisme favori, l'ode, l'octave, la terzine, le sonnet. »

Citons encore la ballade de Matthias Emmich, que M. E. de la Bedollière a traduite pour la *Pléiade* de Curmer ; et en finissant n'oublions pas la plus vieille et la plus naïve, comme la plus exacte des relations, la complainte populaire: *Approchez-vous, honorable assistance*, etc.

SUR LE SIRE DE CRÉQUI

La chapelle de Notre-Dame du Hamel, commune du canton de Grandvilliers, dans le diocèse de Beauvais, a été de tout temps le but d'un pèlerinage dont l'affluence a contribué autrefois à l'agrandissement du pays. On y invoque la Vierge dans les différents besoins de la vie, mais surtout pour la guérison des maladies. On s'y rend les samedis et la deuxième fête de Pâques, et la réunion, qui était anciennement de quatre ou cinq mille personnes, en compte encore douze cents environ. Les familles de Grandvilliers, Sarnois, Cempuis, Briot et autres lieux voisins, y vont chaque fois qu'elles perdent un de leurs membres.

On voit suspendues aux voûtes de la chapelle de lourdes chaînes de fer. L'une est formée de vingt-six mailles longues chacune de six pouces, avec un anneau terminal; une autre chaîne à mailles était destinée sans doute à lier les mains; il y a aussi des crochets pour tenir les jambes et les bras. La tradition locale veut que ces chaînes aient servi à un marquis de Créquy, qui, ayant été fait prisonnier en Palestine pendant une croisade, et ayant prié Notre-Dame du Hamel, fut miraculeusement transporté avec ses fers, de

Jérusalem en Picardie. Ce seigneur serait alors Gérard, sire de Créquy et de Fressin, qui entreprit en 1096 le voyage de la Terre-Sainte. Mais Cambry[1] assigne à ce fait une époque beaucoup plus récente :

« François Ier, dit-il, prisonnier de Charles-Quint après la bataille de Pavie, ne pouvait payer la forte rançon que l'Empereur exigeait de lui. M. de Créquy, qui ressemblait beaucoup à François Ier, lui proposa de se charger de ses chaînes : refus ; on insiste : Créquy obtient enfin la faveur qu'il sollicite. Charles-Quint, instruit de cette ruse, traite fort mal M. de Créquy ; il est chargé de chaînes énormes et maltraité par ses geôliers : sa confiance en Notre-Dame du Hamel le tira de cette fâcheuse position. Il fut par son intercession miraculeusement transporté, pendant la nuit, de Madrid dans un champ voisin du Hamel. Un berger, surpris de voir ses moutons danser gaîment autour d'un homme à longue barbe, fort mal vêtu, chargé de chaînes, s'approche et le salue. Créquy l'interroge ; il apprend qu'il est sur les terres voisines de son château, où sa femme, qui le chérissait, forcée par ses parents, qui le croyaient mort, de contracter une nouvelle alliance, devait se marier le même jour. Avant d'entrer chez lui, Créquy se prosterne aux pieds de la Vierge sa bienfaitrice, et dépose sur les marches de l'autel les chaînes dont le berger l'aida sans doute à se débarrasser. Il se rend au château : on refuse de le laisser parler à Mme de Créquy ; il est enfin reçu en faisant présenter à sa femme un anneau sur lequel était gravé son

[1] Description du département de l'Oise, t. I, p. 96.

portrait. On devine les transports des deux époux, qui n'avaient jamais cessé de s'aimer. Créquy prend les habits d'un chevalier français ; il se rend à la cour, reproche au Roi de l'avoir oublié dans les prisons de Madrid ; ce prince s'excuse en lui proposant pour récompense ce qu'il voudrait lui demander.—Je ne veux, dit Créquy, qu'ajouter une fleur de lis à mes armes. — Je vous en donne mille, répondit François Ier. Depuis ce temps, le lion de Créquy et le champ qui le renfermait étaient couverts de fleurs de lis. »

Suivant cette version, il s'agirait de Jean VIII, sire de Créquy, Fressin et Canapes, prince de Poix, capitaine des cent gentilshommes de la maison du Roi, qui fut présent à la bataille de Pavie.

S'il règne de l'incertitude, dans ces traditions, on voit que ce n'est pas sur le fait lui-même, mais seulement sur l'époque à laquelle il s'est produit.

FIN

TABLE DES MATIÈRES

La Légende de Geneviève de Brabant. 1
Le Pèlerinage d'Olivier Leefdale à la recherche de
    Godefroid-le-Barbu. 15
Légende du sire de Créquy. 60
Légende de Gilion de Trazegnies. 88
Les trois chevaliers de Saint-Jean. 103
La Légende de Gilles de Chin et du dragon. . . 125
Henri-le-Lion. 138
La croisade des enfants. 145
Le tournoi de Notre-Dame. 155
Une aventure de Baudouin IX. 165
Les matinées de Marie de Champagne. . . 184
Les croisés à Constantinople. 199
APPENDICE. 259

OUVRAGES DU MÊME AUTEUR

Les Aventures de Maitre Adam Borel, avec quelques autres récits du temps des Gueux, par J. Collin de Plancy, 5ᵉ éd., in-18 éléphant, gr., 1 fr. 80

La Chronique de Godefroid de Bouillon et du Royaume de Jérusalem, in-18 éléphant, 5 gr., 1 fr. 80

Le Ménétrier d'Echternach, suivi de quelques légendes d'artistes, 5ᵐᵉ éd., 1 vol. in-18 éléphant, gr., 1 fr. 80.

Le Sanglier des Ardennes, suivi de quelques autres récits de la Hesbaye; in-18 éléphant, 6 gr., 1 fr. 80 c.

Quelques Scènes du Moyen-Age, in-18 anglais, figures, 1 fr. 50 c.

Légendes de la Sainte Vierge, 2ᵐᵉ édition, 1 volume in-8º, 4 fr.

Légendes des Origines, 1 volume in-8º, 4 fr.

Légendes des Douze Convives du Chanoine de Tours, 1 volume in-8º, 4 fr.

Légende du Juif-Errant, 1 volume in-8º, 4 fr.

Légendes des Sept Péchés Capitaux, 5ᵐᵉ édition, 1 volume in-18 anglais, 8 gravures, 1 fr. 80 c.

Dictionnaire Infernal, nouvelle édition entièrement refondue, 7 fr. 50 c.

Les Jésuites, 4ᵐᵉ édit., 1 vol. in-18 anglais, 1 fr. 50 c.

Plancy. Typ. de la Société de Saint-Victor. — J. Collin, imp.

www.ingramcontent.com/pod-product-compliance
Lightning Source LLC
Chambersburg PA
CBHW070542160426
43199CB00014B/2334